은퇴 프로젝트
'메리골드를 구하라'

은퇴 프로젝트 '메리골드를 구하라'

황금빛 노후를 위해
반드시 알아야 할
다섯 가지

박상금 지음

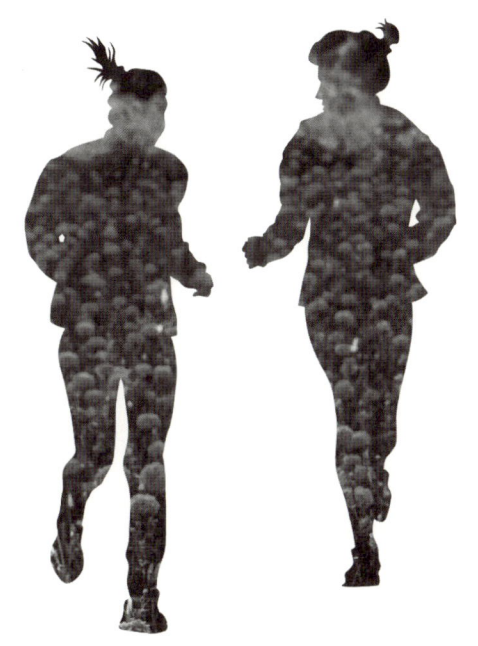

황소걸음
Slow & Steady

차례

프롤로그　　　　　　　　　　　　　　　　　8

1 설레는 은퇴를 맞으려면 준비가 필요해요

우아하게 나이 들 거야　　　　　　　　　　17
55세까지만 일할 거라고　　　　　　　　　　24
120세까지 사는 세상이 온다　　　　　　　　29
준비보다 좋은 솔루션은 없다　　　　　　　　33
갈 길이 멀다, 그래서 더 기대된다　　　　　　41

2 은퇴의 방해꾼이 생겨도 계획이 필요해요

꽃길을 걷다가 가시밭길을 만나다　　　　　　49
남자만 가장 하라는 법 있나?　　　　　　　　56
터널의 끝은 빛이다　　　　　　　　　　　　62
은퇴를 맞이하기 위한 5가지　　　　　　　　66

3 은퇴를 돕는 내 편이 필요해요

가족이라는 든든한 끈	77
우리 부부가 사는 법	83
나는야 B급 부모	88
언제까지 어깨춤을 추게 할 거야	93
오십의 친구, 양보다 질이다	99

4 은퇴를 설레게 하는 연금이 필요해요

쫄지 마라, 노후 자금	107
행복한 노후를 보장하는 5가지 연금	114
은퇴에 필요한 소득 통장	124
자산 수명을 늘려라	131
소득 크레바스를 건너는 3가지 방법	139

5 은퇴를 당당하게 하는 지식재산이 필요해요

평생 현역이 답이다	145
자기 이름 석 자가 브랜드가 되게 하라	150
지식재산을 만들어라	155
책만 한 스승은 없다	163
학습이 없는 삶은 치명적이다	170
앙코르 커리어를 준비하라	175

6 은퇴를 활력 있게 하는 건강 자산이 필요해요

오십, 몸과 마음이 보내는 신호에 귀 기울일 때	185
은퇴에 필요한 건강 통장	190
20억 자산 효과에 맞먹는 건강 수명	195
건강하게 나이 먹는 10가지 방법	207

7 은퇴를 앞당기는 좋은 습관이 필요해요

인생을 바꾸는 것은 결국 좋은 습관	217
뿌린 대로 거둔다는 수확의 법칙	226
미루기 병 금지	230
'하겠다'를 '했다'로 바꿔주는 공개 선언의 묘미	235
버리고 사는 습관	241

8 은퇴의 기쁨을 누려요

설레는 마음으로 은퇴할 수 있어 다행이다	249
나답게 산다는 것	256
인생의 오후는 느리게, 단순하게, 둔감하게	262
나를 비우고 채우는 시간, 1년	268
나는 여전히 청춘	277

에필로그	282

프롤로그

"목표가 확실한 사람은
아무리 거친 길이라도 앞으로 나갈 수 있다.
그러나 목표가 없는 사람은
아무리 좋은 길이라도 앞으로 나갈 수 없다."

_ 토머스 칼라일

"퇴직한다고? 노후 준비는 다 됐니?"

"퇴직하면 먹고사는 건 어떻게 하려고 그래… 더 일해야 하는 거 아냐?"

"퇴직하면 일자리도 못 구하는데 더 다닐 수 있으면 다녀. 비영리단체는 가능하잖아."

예순네 살인 제가 퇴직한다고 했을 때, 지인들이 제게 한 질문과 조언입니다. 40년을 일하고 퇴직하는 마당에 노후 준비가 됐는지 질문을 받는다는 건 자존심 상하는 일이지만, 그럴 만한 사정이 있었기에 애정 어린 관심과 조언이라고 생각했습니다. 10년 이상 더 일하기 위해 그만두는 거라고 해도 지인들은 안심이 안 되는지 만날 때마다 되묻더군요. 진짜 괜찮으냐고. 자타가 인정하는 노후 준비 전도사인 제가 그런 말을 듣다니요.

인생은 점·선·면으로 이어진다는 사실을 가끔 실감하는데, 제겐 고령화가 그중 하나입니다. 마흔넷 되던 2004년, 일의 전문성을 더하고자 경영대학원에 들어갔습니다. 소비자 세미나 수업에서 고령화 트렌드 연구 조사 과제를 받았습니다. '고령화? 고령화가 뭐지? 적어도 트렌드라면 알고 있어야 하는데, 왜 몰랐지?'

과제를 하면서 우리나라의 고령화 실태가 심각한 상황임을 알았습니다. 유엔은 전체 인구 중 65세 이상이 차지하는 비율이 20%가 넘으면 초고령 사회로 분류합니다. 65세 이상 인구가 차지하는 비율이 7%가 넘으면 고령화사회, 14%가 넘으면 고령 사회입니다. 우리나라는 2000년에 고령화 시작, 2018년에 고령 사회, 2026년이면 65세 이상 인구가 20%를 초과하는 초고령 사회가 될 거라고 했습니다. 그러나 당시 예상보다 1년 빠른 2017년에 고령 사회에 진입했고, 2025년이면 초고령 사회가 됩니다. 인류학자나 미래학자들은 우리나라가 세계에서 유례없는 고령화 쇼크를 어떻게 풀어갈지에 관심을 두고 걱정하며 지켜보고 있다고 했습니다.

막연히 노후 준비가 필요하다는 사실은 알았어도 돈 문제 정도로 생각했습니다. 그런데 우리나라보다 앞서 고령화를 경험한 일본과 영국, 미국 등 선진 고령화사회의 사례를 연구하면서 재무적인 영역뿐만 아니라 비재무적인 여러 영역에서 균형 있게 노후를 준비해야 한다는 사실을 깨달았습니다. 20년 뒤를 위해 개인연금을 들고 보험과 펀드, 저축 등 재무 중심의 노후 준비를 시작했으며, 55세까지 일하겠다는 마음을 평생 현역으로 바꿨습니다. 황금빛 노후를 꿈꾸며 은퇴 준비를 일찍 시작했고, 나름대로 잘하고 있다고 생각했습니다. 적어도 쉰다섯 살까지는.

 인간은 계획하고 신은 인간의 계획을 비웃는다던가요? 황금빛 노후를 준비해온 제 유리병은 쉰여섯 살부터 조금씩 금이 가기 시작하더니 쉰여덟 살 되던 해, 와장창 깨지고 말았습니다. 은퇴 창업한 남편이 파산 위기를 맞으며 잿빛 노후 예고편이 날아왔습니다. 기업을 지원하는 일을 하면서 대출 심사 과정에 파산이나 개인 회생 이야기를 들을 때 '그럴 수 있지' 생각하면서도 남의 이야기인 줄 알았는데, 내 일이었습니다. 겁이 덜컥 났습니다.

 고령화의 미래를 먼저 알지 않았다면 공포가 덜했을까요? 정년을 코앞에 두고 와르르 무너지니 신이 원망스럽기도 했습니다. 조각조각 깨진 유리병을 보며 수많은 불면의 밤을 지새운 뒤, 남들 눈엔 보잘것없어도 제게는 소중하고 튼튼한 병을 만들기로 했습니다. 퇴직한다는 제게 지인들이 괜찮은

지 물은 이유입니다. 다시 일어서기 어려워 보이는 상황이었으니까요. 퇴직한 제게 정말 괜찮은지 여전히 묻습니다. 다시는 깨지지 않을 병을 만든 제가 답합니다. "그래, 괜찮아. 자식에게 손 벌리지 않고 살 만한 노후 자금과 건강, 일, 언제나 내 편인 사람들이 있어서…."

이 책은 은퇴를 설렘으로 맞이하고 황금빛 노후를 보내기 위해 알아야 할 다섯 가지를 알려주는 은퇴 준비서입니다. 퇴직자 2000여 명을 대상으로 은퇴 준비 상담을 하고 사회 공헌 활동을 지원한 경험, 노후 파산 위기를 6년 만에 극복한 개인적인 경험을 바탕으로 썼습니다. 책을 쓰며 세 가지를 강조하고 싶었습니다.

첫째, 노후 준비 영역의 올바른 인식입니다. 많은 사람이 노후 준비를 노후 자금 준비로 알고 있습니다. 물론 노후 자금 준비도 중요하지만, 전부는 아닙니다. 우리나라 노후준비지원법 제2조에는 노후 준비를 '노년기에 발생할 수 있는 빈곤·질병·무위·고독 등에 대하여 사전에 대처하는 것'이라고 명시합니다. 빈곤에서 위험을 대비하는 자산 형성과 관리, 질병에서 위험을 대비하는 건강관리, 무위(할 일 없음)에서 위험을 대비하는 평생 현역 준비, 고독의 위험에 대비하는 인맥 관리가 핵심입니다. 노후 준비를 노후 자금 준비로 생각하고 퇴직하면 일부만 준비하고 나온 셈이죠.

둘째, 은퇴 전 노후 준비의 중요성에 대한 인식입니다. 은퇴 후 30~40년을 어떻게 살지는 은퇴 전에 결정됩니다. 개인차가 있지만, 은퇴 후 30~40년은 수입 없이 소비하는 생활을 해야 합니다. 은퇴 후 어디서 무슨 일을 하며 어떻게 살까에 대한 고민과 준비는 현역 때 해야 합니다. 현역에 있을 때는 마냥 현역일 것 같고, 특히 50대는 대부분 사회에서 높은 지위에 있으므로 사회에 나가면 반기는 사람이나 할 일이 많을 거라는 착각에 빠지기 쉽습니다. 준비를 안 하거나 덜하고 '퇴직해도 어떻게든 살아가겠지!' 생각하면 안 됩니다.

셋째, 노후 준비 마지막 골든 타임에 대한 인식입니다. 빠를수록 좋지만 늦어도 50대에는 구체적으로 노후 준비를 시작해야 합니다. 노후 준비의 네 가지 영역(사람, 돈, 일, 건강)을 균형 있게 준비하고 관리해야 합니다. 특히 돈과 일에 대한 문제는 절대적인 시간이 필요한 영역입니다.

이 책은 다음과 같이 구성했습니다.

1장은 100세 시대에 노후 준비를 어떤 마음으로 해야 할지에 관한 이야기입니다. 자신이 어떤 사람이고 어떤 가치관으로 살고 싶은지 성찰하고, 삶을 둘러싼 가치와 일의 의미를 생각합니다.

2장은 50대 중반에 겪은 노후 파산 위기를 극복한 이야기입니다. 개인적 경험을 바탕으로 잿빛이 될 뻔한 노후를 황금빛으로 만드는 계획과 그 과정을 소개합니다.

3~6장은 균형 잡힌 은퇴 준비하기 편입니다. 노후 준비의

주요 내용이자, 네 가지 필수 요소인 사람(인간관계), 돈(노후 자금), 일(평생 현역), 건강관리의 중요성과 준비 방법을 담았습니다.

7장에서는 원하는 노후 준비를 가능하게 하는 습관의 중요성과 좋은 습관을 만드는 방법을 안내합니다.

8장은 자유를 얻은 은퇴 이후의 삶을 어떻게 꾸려갈지 다뤘습니다. 은퇴하고 30~40년 세월을 보너스로 받았습니다. 마지막이 아니라 새로운 시작의 순간, 후반생을 조화롭고 균형적으로 살기 위한 다짐과 마음가짐에 관한 이야기입니다.

은퇴 후 삶은 50대의 준비에 달렸다는 사실을 기억하고, 노후 준비의 골든 타임을 절대 놓치지 마십시오. 이 책에 제시한 것을 실천에 옮기면 분명 황금빛 노후를 맞이할 것입니다. 누구에게나 은퇴의 시간은 다가옵니다. 하루빨리 은퇴 이후의 삶을 준비하십시오. 자신에게 최고의 선물, 은퇴를 선사하십시오.

1.

설레는 은퇴를
맞으려면
준비가 필요해요

우아하게 나이 들 거야

55세까지만 일할 거라고

120세까지 사는 세상이 온다

준비보다 좋은 솔루션은 없다

갈 길이 멀다. 그래서 더 기대된다

우아하게
나이
들 거야

"어른이 되는 것의 축복 중 하나는
마침내 우리 엄마와 아빠를 부모님이 아니라
사람으로 보는 것이다."

_ 사라 챈들러

우아하게
나이 들 결심 3가지

나는 지금 인생 시계 오후 5시를 향해 가는 중이다. 내적으로 삶의 의욕과 기쁨이 충만하고, 외적으로 에너지가 넘치며 여전히 건강하다. 앞으로도 10년은 지금처럼 거뜬히 일할 수 있을 것 같지만, 인생의 오후에 걸맞은 일과 삶을 찾아 역할을 바꿔서 더 오래 일하고 더 의미 있게 살기 위해 지난 2월 말 직장 생활 40년을 마무리했다. 지금은 은퇴 후 재충전 시간을 보내고 있다.

그동안 제대로, 잘 살아왔나? 잘 살아왔다면 잘 나이 든 것이다. 직장 생활 40년, 결혼 생활 35년이 파노라마처럼 떠오른다. 학창 시절에는 어른이 되면 엄마처럼 살지 않겠다고 생각했다. 엄마가 잘못 살았거나 배울 게 없어서가 아니라, 너무 가엾은 인생이라서…. 직장에 들어가면서는 상사들을 보며 괜찮은 어른으로, 우아하게 나이 들어야겠다고 생각했다. 요즘 젊은이들처럼 '100억 부자 되기'나 '멋진 저택에서 살기'도 아니고 고작 엄마처럼 살지 않고 괜찮은 어른으로 우아하게 나이 들어가겠다니, 지금 생각하면 웃음이 나오는 소망이다.

나는 전기도 들어오지 않고 주민이 열세 가구밖에 안 되는 마을, 인근 소도시로 나가려면 두 시간에 한 대씩 오는 버스를 타야 하는 시골에서 팔 남매 중 여섯째로 태어났다. 부모님에게 딸린 부양가족은 새 할머니가 낳은 자녀 여섯 명에 조부모님까지 열여섯 명이었다.

새 할머니는 엄마와 거의 비슷한 시기에 고모와 삼촌을 낳았다. 엄마는 시어머니 산후조리 해드리느라 출산 다음 날부터 일했다. 새벽밥해서 시누이와 시동생 도시락 싸주고 챙기느라 정작 우리 팔 남매는 챙기지 못한 걸 늘 안타까워했다. 젊은 시어머니와 시누이·시동생 챙기기, 우리 팔 남매 보살피기, 농사일을 숙명처럼 알고 사느라 허리 한 번 못 펴보고 나이 육십도 안 돼서 꼬부랑 할머니가 됐다.

나는 이런 고단한 상황을 곁에서 지켜보며 "왜 시골로 시집 와서 생고생하느냐, 이모와 외삼촌은 서울로 시집·장가 가서 떵떵거리며 살고 자녀들도 의대 나와서 의사가 되지 않았느냐, 엄마가 서울로 시집갔으면 우리도 인생이 달라졌을 거다…"라고 툴툴거렸다. 엄마는 "그러게 말이다" 한마디뿐, 부양가족 열여섯 명과 깐깐한 아버지 사이에서 묵묵히 참고 견디며 살았다.

경제권이 없는 엄마는 서울에서 공부하는 언니들과 오빠가 내려오면 옆집으로 돈 꾸러 다니고, 농사일하느라 몸과 마음이 편한 날이 하루도 없었다. 어린 내 눈에 엄마의 삶은 힘난하고 고달파 보였다. 엄마처럼 살지 않겠다고 생각하며 세 가지 결심을 했다. 첫째, 절대 농부와 결혼하지 않겠다. 둘째, 돈은 절대로 꾸러 다니지 않겠다. 셋째, 경제권은 쥐고 있어야겠다.

돌아보면 서울에 살고 경제권을 쥐고 있으니 두 가지 결심은 지킨 셈이다. 돈을 꾸러 다니지 않겠다는 결심은 지키지 못했다. 엄마가 옆집에서 푼돈을 빌렸다면, 나는 은행에서 목돈을 대출받아 쓰고 갚기를 반복했고 남편 사업 자금 문제로 언니들에게도 손 내민 적이 있다. 엄마보다 심한 대출 인생이었다.

돌아가신 엄마의 삶이 얼마나 고달프고 힘겨웠는지 추측할 뿐, 다 알지 못한다. 엄마는 치매로 10개월간 요양 병원 신세를 질 때, '동백 아가씨'를 시도 때도 없이 불렀다. "헤일 수 없이 수많은 밤을 내 가슴 도려내는 아픔에 겨워 얼마나 울었던가 동백 아가씨…."

우리는 못 알아보면서 저 노래는 기억하다니. 얼마나 힘들었으면…. 엄마는 배움에 한이 많아 치매를 앓기 전까지 노인 대학에서 영어를 배우며 즐거워했다. 엄마는 'The 배우고'가 아니라 'The 견디고'에 다니셨나 보다. 나라도 엄마 속을 썩이지 말아야지 생각했다. 엄마가 참고 견디는 모습을 보면서 엄마처럼 살지 않겠다고 다짐했다. 욕하면서 닮는다더니 어느새 엄마의 모습으로 사는 나를 발견하고 피식 웃는다. 그 엄마에 그 딸이다.

우아하게 나이 들 3가지 조건

부모님은 식구가 많기도 하고 남아 선호 사상에 젖어서 '아들은 대학, 딸은 상업고등학교에 보낸다'는 원칙을 세웠다. 세 언니는 상업고등학교에 다녔고, 나는 사흘 동안 단식한 끝에 아버지의 뜻을 꺾고 일반 고등학교로 진학했다. 아버지는 대학은 못 보내니 공무원 시험을 보라고 3년 내내 종용했고, 나는 입학금만 내주시면 알아서 다니겠다고 말씀드렸다. 대학 입학시험에 합격하니 다행히 입학금은 주셨다. 이후 부모님 도움 없이 학교에 다녔고, 4학년 2학기인 1982년 10월에 사회생활을 시작했다.

  직장에 들어가니 업무와 교육, 복지, 승진에서 보이지 않는 성차별이 있었고, 여자는 결혼하면 그만둬야 하는 남자 중심의 조직 문화가 팽배했다. 무슨 이런 불합리한 구조가 있단 말인가. 본받고 존경할 만한 상사가 많았지만, 책임을 부하한테 미루거나 융통성이 없는 상사도 있었다. 품격 있고 본받고 싶은 상사는 지극히 인간적이면서 실력 있고 열린 생각을 했다.

부하에게 존경받는 상사를 보면서 나이 들수록 여유롭고 괜찮은 사람이 되고 싶었다. 그 마음으로 나만의 기준을 정했다. 경제적으로 여유로울 것. 마음이 관대하고 넉넉할 것. 지식과 지혜가 있어 젊은이에게 본보기가 될 것. 이 세 가지를 갖추면 어느 정도 품격 있고 괜찮은 어른이 될 수 있겠다 싶었다. 그렇게 나이 들면 우아하게 사는 것이라 여겼다. 이 세 가지는 삶의 가치나 우선순위를 점검해야 할 때 기준으로 작용했다.

괜찮은 어른으로
우아하게 나이 들자

요즘 젊은이들 사이에서 본받고 싶은 어른, 좋은 어른을 만나기 어렵다는 얘기가 심심치 않게 들린다. 우아하게 나이 들고자 한 나는 괜찮은 어른으로 살아왔는가. 그 판단과 평가는 내가 아니라 주변 동료와 가족이 하는 것이다. 기준을 정한 뒤로는 내가 생각하는 삶의 원칙과 상식을 지키고 역지

사지하려고 노력했을 뿐, '괜찮은 어른인가'라는 질문은 별로 하지 않았다.

내가 규정한 경제적 여유, 관대하고 넉넉한 마음, 젊은이의 본보기가 될 지식과 지혜를 두루 갖췄는지 따져보면 최선은 아니다. 언감생심 꿈도 못 꾸고 비교 대상도 못 되지만, 존경하는 김성수 주교님과 김형석 교수님, 김장하 어르신처럼 살고 싶을 뿐이다. 나 정도면 괜찮은 어른이라고 생각하다가도 구체적인 근거나 이유를 대라면 답변이 궁색하다.

다만 나보다 먼저 회사를 그만둔 직원이 "여러 번 그만두고 싶었는데 못 그만뒀어요. 내가 왜 여기를 못 그만두는지 생각해보니 어디에 가도 이사님같이 존경하고 신뢰할 만한 분을 못 만나지 싶더라고요. 이사님은 존재만으로도 힘이 되고 위로가 되는 분이에요"라고 한 말, 퇴사한 후배나 사회에서 만난 지인이 나를 롤 모델이라고 이야기하는 걸 보면 적어도 나쁜 어른, 나쁜 상사는 아니라고 생각한다. 아니, 이것도 자만이다. 나는 괜찮은 어른 혹은 상사가 되려고 노력했고, 앞으로도 노력할 사람이다. 이 정도면 됐다. 우아하게 나이 드는 것도 마찬가지다. 우아하게 나이 들고 싶다는 마음과 그렇게 살려고 노력하자는 결심과 실천이면 족하다.

어떻게 나이 들고 싶은가? 자신만의 기준이 있는가? 자신이 원하는 어른의 모습으로 살아가고 있는가?

정답은 없다. 젊은 시절에는 나이 들었는데도 융통성이 없거나, 관대하지 않거나, 지갑을 열지 않는 사람을 보면 이해가 안 됐다. 요즘은 서글프게도 충분히 이해가 간다. 어른이 되면 뭐든지 잘하고 저절로 되는 줄 알았다. 뭐든지 잘하고, 저절로 되는 것은 없다.

  예순네 살이 돼도 예순넷은 처음이고, 여전히 처음은 서투르다. 나이에 걸맞고 괜찮은 어른으로 살기도 쉬운 일은 아니다. 나잇값을 하는 사람, 얼굴에 책임질 수 있는 사람으로 살아가려고 노력하면 그뿐이다. 그러니 다른 사람과 비교하지 않고 어제의 자신보다 나은 사람으로 성장하면서, 세상의 기준이나 잣대에 휘둘리지 말고 나이 들어가자. 그런 마음을 먹고 실천하는 것만으로도 당신은 괜찮은 어른이다.

55세까지만
일할 거라고

"일은 당신에게 의미와 목적을 주고,
그것이 없으면 삶은 공허하다."

_ 스티븐 호킹

누군가를
돕는 일을 하다

지난 2월 말, 1982년 10월에 시작한 직장 생활을 마무리했다. 이렇게 오래 일할 줄은 미처 몰랐다. 40년 동안 세 곳에서 일했다. 첫 번째 직장은 중소기업을 지원하는 공공 기관, 두 번째 직장은 소상공인을 지원하는 공공 기관, 세 번째 직장은 취약 계층의 자립을 지원하는 비영리단체다. 직장에 다니는 동안 일은 내게 다양한 의미로 다가왔다. 세 곳 모두 내게 생계를 유지하는 수단이고 자아실현의 장이며, 보람 있는 일터였다. 무엇보다 나를 성장하게 돕는 파트너 역할을 톡톡히 했다.

첫 직장에 들어갈 때만 해도 3년만 다녀서 대학원 등록금을 마련할 생각이었다. 세상일이 뜻대로 되지 않아, 13년 반을 다녔다. 결혼하면 그만둬야 하는 불문율이 있었고, 결혼 후 직장 생활을 계속하면 남편이 무능력해서 여자를 밖으로 내돌린다고 치부하던 시절이다. 입사 동기가 수많은 탄압과 핍박에도 결혼하면 그만둬야 한다는 불문율을 깼다. 덕분에 결혼하고도 경력을 이어가고 인정받으면서 팀장까지 승진했지만, 왕복 네 시간을 출퇴근길에 뿌리고 아이를 양육하면서 직장에 다니기 어려워 36세 되던 해에 퇴사했다.

당시는 탄력 근무제나 아이 돌봄 시설이 잘 갖춰지지 않아 아쉽지만, 아이의 정서적 안정에 가치를 두고 과감하게 전업주부의 삶을 선택했다. 직장 다니느라 못 해본 일을 원도 한도 없이 즐겼다. 평일에 사우나 가기, 아이 등교할 때 배웅하기, 맛있는 저녁 해놓고 남편 기다리기처럼 사소한 일부터 일본어 번역 자원봉사, 종이접기·퀼트·양재·제과 제빵 배우기, 유통 대학원 다니기 등 전업주부 일을 하면서 취미 생활과 미래를 대비해 공부하는 삶도 재미있고 좋았다. 그야말로 '소확행'을 누렸다.

3년쯤 지나니 생산적인 일을 해보고 싶다는 생각이 꿈틀거렸다. 때마침 첫 직장 상사에게서 전화가 왔다. 신설된 소상공인지원센터에서 상담사를 뽑는다고 했다. 채용 정보를 보니 원서 접수 마지막 날이었다. 비는 주룩주룩 내리고, 준비할 서류가 많아 고민스러웠다. 학력 증명서와 경력 증명서는 지인에게 부탁하고, 찾아오기는 남편 찬스를 썼다. 그 시간에 이력서와 자기소개서를 완성해서 가까스로 접수했다. 다행히 면접까지 통과했고, 두 번째 직장에 입사했다.

   IMF 외환 위기 이후 처음으로 소상공인을 정책 지원 대상으로 삼아 설립한 기관에서 창업과 경영을 지원하는 일은 보람 있었다. 상담사로 일하며 불편한 점을 개선하기 위해 업종 편람과 창업 수첩 등을 기획해서 만들고, 소상공인 전용 홈페이지를 제작하는 TF 팀에 콘텐츠 개발 담당으로 참여하는 등 의미와 재미를 느끼면서 일했다.

55세까지만 일하겠다

동료도 일도 좋지만 입사할 때 말한 조직화가 지연돼 비전에 대해 고민할 무렵, 설립 1년밖에 안 된 비영리단체에서 함께 일하자는 제의가 들어왔다. 상사는 안정적인 직장을 두고 왜 하필 열악한 비영리단체로 가느냐며 붙잡았다. 내가 상사라도 그랬겠지만, 좀 더 보람 있는 일을 해보고 싶었다.

   취약 계층의 자립을 돕는 신생 조직이라 초기 세팅할 일이 많았다. 석사과정을 막 시작한 참이어서 샐러던트(공부하는 직장인)로 일과 학업을 병행해야 했다. 몸은 피곤해도 사람 냄새 풀풀 나는 이들과 일하는 기쁨, 배우는 즐거움, 편안한 가정까지 더할 나위 없이 좋았다.

그러다가 대학원에서 소비자 트렌드 중 우리나라 고령화 트렌드 연구 과제를 맡았다. 우리나라보다 앞서 고령화를 경험한 일본이나 영국, 미국, 독일 등의 사례를 통해 고령화가 심각한 문제임을 알았다. 40대 중반에 마주한 고령화 이슈는 노후와 일에 관한 생각을 바꾸는 계기가 됐다.

'55세까지 직장인으로 열심히 일하고, 이후에는 전문가로서 컨설팅과 멘토링, 강의 활동을 하며 봉사도 하고 여유로운 후반생을 보낸다'는 비전과 목표를 세웠다. 노후를 위한 경제적 준비(펀드, 3층 연금, 저축), 아들 학자금과 결혼 자금 마련, 전문가로서 브랜드를 구축하기 위한 박사과정 입학과 학위 취득 등을 10년 비전 계획에 담았다. 55세 우아한 은퇴 조건인 경제적 여유, 마음의 여유, 지식과 지혜가 어느 정도 완성되리라는 기대와 55세 이후는 자유롭게 살 수 있다는 희망에 부풀었다.

은퇴한 뒤에도 오래 일하는 구조를 만들기 위해 전문성의 기초가 되는 경영지도사 보수교육을 이수하고, 경영지도사 자격증을 갱신했다. 52세에는 전문성 강화 차원에서 버킷 리스트에 넣어둔 경영학 박사과정에 도전했다. 그 나이에 무슨 공부냐고 주변에서 부정적인 말이 많았지만, 평생 현역을 준비하고 내 꿈을 실현하는 과정이기에 개의치 않았다. 후반생 계획과 목표를 이루기 위해 차근차근 준비했다.

인간은 계획하고
신은 비웃는다

55세까지 일하겠다는 계획과 노후 준비는 재정적 위기를 겪으며 수포로 돌아갔다. 55세에 은퇴하려던 계획이 틀어지면서 일과 관련해 고민스러운 시간이 많았다. 그동안 일은 나를 꾸준히 성장하게 하는 도구이자 자아실현을 위한 의미로 진화했는데, 신의 비웃음으로 생계 수단의 의미에 가까워졌다. 로또라도 당첨되면 이놈의 직장 때려치우고 싶은 적도 있었다. 당장 그만둘 수 없는 현실이 답답했다.

'일은 왜 하는가? 언제까지 일할까?' 자문했다. 직장에 다니기 싫은지, 일하기 싫은지 생각하니 일하는 건 싫지 않았다. 그렇다면 생계 수단이 아니라 자아실현의 수단으로 일하라는 내면의 목소리가 들렸다. 일이 나를 성장하게 하는 파트너라 생각하니 일의 정년이 평생으로 늘었다.

'당신에게 일의 의미는 무엇인가? 일의 정년을 정해뒀는가? 일의 정년 이후는 무엇을 하며 살 계획인가? 일의 정년 이후는 어떻게 살고 싶은가?' 일의 의미에 따라, 일의 정년을 언제로 계획하는지에 따라 노후 준비 내용과 방법, 일을 대하는 마음가짐이 달라진다. 일하는 동안 누구나 해야 할 질문이지만, 당신이 50대라면 더욱 진지하게 물어야 한다.

120세까지 사는 세상이 온다

"인간의 수명은 길어졌다. 오늘날은 과거 어느 때보다
인간의 수명이 길다. 현대인은 그들의 선조보다
거의 두 배나 수명이 길다. 그래서 우리는 노인이
즐겁게 살도록 도와야 할 책임이 있다는 것을 알아야 한다."

_ 루이스 올

호모 헌드레드의 시대를 넘어
120세까지 사는 세상

불로장생을 염원한 진시황이 신하에게 불로불사의 약초를 구해 오라고 했다거나, 알렉산더대왕이 한 잔을 마시면 청춘이 회복된다는 '젊음의 샘물'을 찾기 위해 고대 에티오피아의 지방을 헤맨 전설에서 알 수 있듯이 장수는 인류의 오랜 염원이었다. 그 놀라운 시대가 우리 눈앞에 펼쳐졌다.

UN은 《세계 인구 고령화 보고서 2009》에서 '호모 헌드레드 Homo-Hundred' 시대가 도래했다고 발표했다. 호모 헌드레드는 100세가 넘는 삶이 보편화된다는 뜻에서 사용하기 시작한 신조어다. 미래학자들은 고령화사회를 '인류 역사상 처음 맞는 사회'라 정의하면서, 과학과 의학 기술이 발달함에 따라 인간의 수명이 120세에 이르는 시대가 도래할 것으로 예측한다.

2023년 우리나라 국민의 평균수명은 83.6세로, 고령화 속도가 세계에서 유례를 찾아볼 수 없을 만큼 빠르다. 최근 보험개발원이 발표한 '제10회 경험생명표 개정' 자료에 따르면 남자 86.3세, 여자 90.7세로 역사상 처음 여자의 기대 수명이 90세를 넘어섰다고 한다. 100세 시대라는 소리를 들은 게 엊그제 같은데, 120세까지 사는 세상이 온다고 한다. 주변에서 100세 이상 장수하는 분을 종종 목격하는 걸 보면 120세까지 사는 세상이 온다는 말이 먼 미래 이야기가 아니다.

미래학자 레이 커즈와일은 2007년 출판한 《특이점이 온다》에서 "2045년이 되면 인간이 죽지 않는 세상이 온다"고 예측했다. 인공지능AI이 인간을 초월하는 순간(특이점)이 오고, 유전공학과 나노 기술, 로봇공학이 발전함에 따라 인간과 융합한 신인류가 탄생한다는 것이다. 그는 2045년을 특이점의 시기로 보고, 이 시기가 되면 나이가 많은 사람을 젊게 하거나 젊은 사람을 늙게 만들 수 있다고 예언했다. 너무 오래 살아 사는 것이 지겹다면 기억을 초기화할 수도 있다고 했다.

인구학자들은 초고령화 사회에 대비하라고 한다. 어떻게 해야 할까? 인생 모델이 60세에서 80세로 바뀐 지 얼마 안 됐는데, 100세 모델로 전환해서 준비해야 한다. 빨라도 너무 빨리 변하는 세상이다. 변화에 맞춰 대비하는 수밖에 없다.

100세 시대
조감도를 그려라

시대 변화 추세를 감안할 때, 앞으로는 20대부터 50년간 일하는 사람이 돼야 한다. 가능하면 평생 현역이 되자. 먼저 100세 시대가 기본임을 머릿속에 입력하고 100세 시대에 맞춘 인생 조감도를 그려야 한다. 100세 시대 생애 설계 관점에서 삶을 계획하고, 자신이 원하는 노후를 준비해야 한다. 당당하고 건강하게 오래 살기 위해 경제활동 50년을 포함한 생애 설계와 준비가 필요하다.

오츠카 히사시는 《오십부터는 이기적으로 살아도 좋다》에서 직장인 1만 명에게 들은 50대를 후회하는 이유 10가지를 다음과 같이 제시했다.

후회 1위_ 정년 후의 인생 설계를 해놓아야 했다.
후회 2위_ 일하는 동기부여가 전혀 생기지 않았다.
후회 3위_ 조직의 이름이 아닌 아이텐티티(정체성)를 확립하지 못했다.
후회 4위_ 새로운 취미가 '심심풀이'용이 됐다.
후회 5위_ '입으로만 일하는 아저씨, 아줌마'가 됐다.
후회 6위_ "머리 좀 식히고 나서 생각하겠습니다"… '사고 정지 병'에 걸렸다.
후회 7위_ 퇴직금과 연금이 쥐꼬리만큼이라 풀이 죽었다.

후회 8위_ 낮은 재고용 조건에 만족했다.

후회 9위_ '하고 싶은 일'과 '하고 싶지 않은 일'의 균형을 생각하지 않았다.

후회 10위_ 자신의 가능성을 과소평가했다.

1만 명 인터뷰에서 50대를 후회하는 이유 1위는 "정년 후의 인생 설계를 해놓아야 했다"로 나타났다. 적어도 현역 시절 50세부터 정년 후의 인생 설계를 해야 했다는 반성이자 후회다. 정년 후의 인생 설계를 했다면 나머지 아홉 가지 후회는 하지 않았을 수도 있다. 그렇다. 20~30대에 자기 삶을 설계했듯이, 오십은 정년 후 후반생의 설계가 필요한 시기다.

100세 시대에 장수를 재앙으로 만들지, 축복으로 만들지는 자신의 선택에 달렸다. 자신이 삶의 주체가 돼서 장수를 축복으로 만들자. 100세 시대 조감도를 그리고 여유롭게 준비하자. 준비보다 좋은 무기는 없다.

준비보다 좋은 솔루션은 없다

"성공은 준비와 기회가 만나는 곳이다."
_ 바비 언서

한국인의 노후 준비 실태는 낙제점

퇴직한 시니어를 지원하는 일을 해온 덕분에 은퇴 후 새로운 길을 묻는 이들에게 길을 안내하고, 길을 찾고 닦고 내는 과정을 함께할 수 있었다. 노후 준비의 필요성과 중요성을 나만큼 이야기하고 다닌 사람도 없을 것이다.

   노후 준비는 언제부터 해야 할까? '빠를수록 좋다'가 정답이다. 그러나 말이 쉽지 내 집 마련부터 자녀 교육, 자녀 결혼 비용까지 가족을 위해 당장 눈앞에 보이는 목표에 집중하느라 은퇴 이후의 삶을 고민하고 준비하기는 알면서도 못 하는 경우가 많다.

우리나라 국민은 노후 준비를 얼마나 제대로 하고 있을까? KB경영연구소가 비은퇴자(가구)의 노후 준비 정도를 재무적 측면과 비재무적 측면으로 나눠 계량화해서 측정한 한국인의 평균 노후 준비 지수는 53.3이다. 100에 가까울수록 준비가 잘돼 있다는 의미니 전반적으로 미흡하다. 특히 재무 준비 지수는 46.3으로, 평균 노후 준비 자금이 필요 자금의 50%에도 미치지 못한다. 노후 준비의 필요성에 대한 질문에 90%가 '그렇다'고 응답한 데 비해, 준비 정도는 상당히 미흡해서 현실과 이상의 괴리가 얼마나 큰지 보여준다.

KBS-1TV 〈추적 60분-2023 노후 빈곤 보고서, 산타는 없다〉를 보면 우리나라 국민의 노후 준비 실태가 낙제점인 것을 실감한다. 노인 빈곤율이 40%에 이르러 경제협력개발기구OECD 회원국 중 가장 높은 우리나라의 세태를 반영하듯, 2023년 전국 법원에 접수된 개인 파산 신청자 중 60세 이상 노인 비율이 약 48%나 됐다. 방송에서 제작진이 만난 사람들은 "노후가 이럴 줄은 꿈에도 몰랐다"고 말했다고 한다. 방송을 보는 내내 마음이 무거웠다.

정부도 고령화 문제로 고민이 많지만, 현실적으로 노후의 삶을 정부에 일임할 순 없다. 옛날처럼 자식에게 의존할 수도 없다. 정부는 정부대로 개인은 개인대로 노후에 어떻게 살지 생각하고 준비해야 한다. 젊은 시절에 노후의 삶을 생각하기는 어렵다. 30~40대에게 노후의 삶과 노후 준비의 필요성에 대해 말하면 귓등으로 듣기 십상이다. 나라도 그 나이라면 그랬을 것이다. 안타까운 일이다.

코칭 학습 모임에서 노후 준비를 얼마나 했는지 묻고 이야기를 나눈 적이 있다.

"노후 준비는 어떻게 하고 있어? 잘하고 있어?"

"노후 준비요? 아직 애들이 중·고등학생인데요. 어떻게 되겠죠, 뭐. 국민연금과 퇴직연금이 제 노후를 보호해주지 않을까요?"

"연금은 얼마나 타는데?"

"얼마 안 돼요. 100만 원 조금 넘어요."

"연금 가입 기간이 짧아서 그렇겠네. 일은 언제까지 할 생각이야?"

"일이요? 죽을 때, 아니 여든다섯까지요."

"여든다섯 살까지 일한다고? 그게 가능해? 무슨 일을 어떻게 하려고?"

"코칭하면서 돈 벌죠, 뭐."

노후 준비가 중요한 건 알지만 아직 막연하게 생각하는 듯했다. 노후 준비의 4대 영역을 알려주니 구체적인 가이드 요청이 들어왔다. '생애 설계와 변화 관리'라는 주제로 두 시간 동안 강의하고 비전 설계 과제를 내줬다. 각자 설계한 비전을 공유하기로 했는데 퇴직 시기와 맞물려 못 했다. 야무지게 준비할 사람들이라 내 역할은 거기까지로 여겼다.

공든 탑이
무너지는 순간

내가 만나는 사람 가운데 40~50대에게 가장 많이 하는 말은 노후 준비 이야기다. 노후 준비를 든든하게 잘해서라기보다 얼마나 중요한지 뼈저리게 실감해서다. 그것도 마음속으로 정해둔 은퇴 시기가 가까운 시점에 일이 벌어졌다.

노후에 경제적 자유를 누리며 넉넉한 마음으로 우아하게 살고자 한 나도 젊은 시절부터 노후 준비를 하진 않았다. 하루하루 살기 바빴고, 오래 살아봐야 80세 정도라고 생각했다. 고령화사회가 온다지만 피부에 와닿지 않아 실손 연금도 80세에 맞춰서 들었고, 노후 준비라고 해야 국민연금과 퇴직금, 예금이 전부였다.

80세 맞춤 노후 준비를 하던 내게 '100세 시대'라는 말은 다소 충격이었다. 다행히 40대 중반에 노후 준비의 중요성과 필요성을 알았다. 아들 교육하고 결혼해서 독립하면 노후에 안빈낙도하며 살 만큼은 준비하자고 남편과 나, 아들의 개인 연금을 추가로 가입했다. 아들 보금자리 마련 자금은 별도로 적립해갔다. 40대 중반부터 시작한 나의 노후 준비는 계획대로 완성되는 듯했다.

그러나 세상일이 어디 그렇게 내 뜻대로 움직이던가. 50대 중반 지나 예기치 않은 상황이 발생했다. 50대 초반에 직장을 그만둔 남편의 사업에 제동이 걸렸다. 노후 준비 자금은 물론이고 아파트 담보대출까지 해줬는데 수습 불가능한 상태가 됐다. 그토록 꿈꿔온 우아한 노후가 비참한 노후로 바뀌기 일보 직전이었다.

어떻게 하지? 그야말로 '멘붕'에 빠졌다. 전직 지원 교육이나 퇴직자 대상 교육에서 100세 시대에 노후를 준비하면 행복한 후반생을 살아갈 수 있다고, 비전을 세우고 실천하다 보면 원하는 미래를 만날 수 있다고 수없이 얘기했다. 내가 그렇게 실행해왔노라고 경험을 들먹여가며 이렇게 해보시라고 권하기도 했다. 실제로 내 강의를 듣고 평생 현역 분야를 정하고 실천해서 평생 현역으로 사는 분이 많아 참 보람 있고 뿌듯했는데, '난 이렇게 했다'는 결과물을 보여줄 수 없으니 붓을 꺾어야 했다.

우아한 노후를 위해 차곡차곡 쌓아온 탑이 무너졌으니, 퇴직자 대상으로 '후반생 설계는 이렇게 하라, 평생 현역 디자인은 이렇게 하라'는 강의를 할 수가 없었다. 2년 동안 강의 요청도 고사하고 허우적대며 살았다. 남편의 경제활동이 막힌 상태에서 나는 비영리단체에 근무하니 적은 보수로 아들 결혼과 우리 부부의 노후 준비를 어떻게 해야 할지 난감했다. 일할 수 있는 기간이 얼마 남지 않은 시기에 문제가 생긴 상황이라 더욱 답답했다.

준비보다
좋은 솔루션은 없다

다시 일어설 수 없을 정도로 타격이 컸지만, 지난 일을 곱씹어봤자 원상 복구는 불가능했다. 무엇보다 절대적인 시간이 부족했다. 마냥 절망하고 있을 순 없었다. '미래는 준비하고 도전하는 자의 것'이라는 좌우명이 나를 일으켜 세웠다. 대학생 시절에 학비를 장학금으로 해결한 일, 4학년 2학기에 친구 중 제일 먼저 취업한 일, 경력 단절 후 두 번째 직장에 취업한 일, 꿈에도 없던 대학원 교수 활동을 한 일 모두 늘 준비하고 있었기에 가능했다.

55세에 은퇴하겠다는 꿈은 65세로 늦췄지만, 우아하게 나이 들겠다는 생각은 버리지 않았다. 원하는 미래를 만드는 데 꿈만 한 것은 없다. 한 번 무너졌어도 꿈이 있기에 다시 일어설 수 있다. 그 꿈이 미래를 준비하게 하기 때문이다. '넘어졌지만 일어서서 걷자. 늦었어도 안 하는 것보다 낫다. 주어진 조건에서 최선을 다하자. 그다음은 하늘이 도와주시겠지…' 마음속으로 수없이 되뇌고 간절히 기도하면서 노후의 삶을 다시 그렸다.

인생 설계도를 전면 수정했다. '65세 이후 인생의 황금기를 보낸다'는 슬로건 아래 은퇴 시기를 55세에서 65세로, 은퇴 후 평생 현역으로 바꿨다. 재정 복구, 건강관리 계획, 전문성 강화 등 주요 영역별로 하위 목표를 정하고 실천 계획을 세웠다. 희망적인 미래를 그리니 어려움을 이겨내겠다는 마음과 극복할 수 있다는 자신감이 솟구쳤다. 걱정할 시간에 하나라도 실행하고 움직이자는 마음으로, 힘들지만 버티는 구간이 있어야 희망적인 미래도 만날 수 있다는 마음으로 무장했다. 그렇게 10년을 보내고 지난 2월 말, 설레는 은퇴를 맞았다. 이제 원하는 대로 살고 있으니 내가 늘 외친 '준비보다 좋은 솔루션은 없다'를 증명한 셈이다.

삶의 변화에는 위험과 기회가 공존한다. 기회는 자기소개서를 보내지 않기에, 준비하면 예고 없이 찾아오는 기회를 잡을 수 있다. 준비가 부족하면 기회가 와도 놓치고 만다. 고령화도 그렇다. 고령화라는 변화에는 여러 가지 위기가 있지만, 기회 요소도 분명히 있다. 개인적으로 만난 삶의 변화와 고령화라는 시대적 변화를 연결하면 위기를 기회로 만들 수 있다. 이 책은 개인적인 위기와 고령화라는 시대적 변화 속에서 기회를 만들기 위한 실행 과정 가운데 하나다.

많은 사람에게 은퇴는 사별이나 이혼과 함께 삶에서 가장 충격적인 사건이라고 한다. 은퇴가 주는 스트레스가 상당히 크다는 걸 알 수 있다. 그러나 설계하고 준비하면 새로운 삶의 전환이라는 기회가 된다. 충격 대신 설렘으로 받아들일 수 있다. 충분히 준비한다면.

당신은 지금 인생에서 어느 시기를 지나고 있는가? 어느 시기를 지나든 은퇴 후의 삶에 대한 준비가 필요하다.

당신은 은퇴 후 삶에 대해 어떤 준비를 하고 있는가? 재무적 준비와 비재무적 준비 모두 계획대로 돼가는가? 준비 정도가 불충분해도 걱정하지 마라. 지금부터 준비하면 된다.

은퇴 후 30년이 될지, 40년이 될지 사람에 따라 다르고 갈 길이 멀다. 하지만 은퇴 후 삶을 미리 불안해하고 두려워하지 말자. 원하는 미래를 꿈꾸고, 꿈을 잘게 쪼개서 작은 목표로 나누고, 그 목표를 하나하나 실천에 옮겨보자. 어느새 꿈이 실현됐을 것이다.

마하트마 간디가 "미래는 당신이 오늘 하는 일에 달렸다"고 말했다. 오늘 무슨 일을 어떻게 준비하느냐에 따라 미래가 달라진다. 더 나은 내일을 꿈꾸고 오늘을 충실히 사는 것이 미래를 준비하는 일이다. 자신이 원하는 미래를 만나는 데 준비보다 좋은 솔루션은 없다.

갈 길이 멀다, 그래서 더 기대된다

"미래는 밝지만, 그것이 명백해지기 전에
가능성을 보는 사람에게만 가능하다."

_ 존 스컬리

오래 일하는 게 성공?

장수 시대가 펼쳐지면서 자의든 타의든 오래 일해야 한다. 《백 년을 살아보니》를 쓴 김형석 교수는 여전히 강의하고, 2022년 95세로 작고한 방송인 송해 님도 별세 몇 달 전까지 〈전국 노래자랑〉을 진행했으며, 현재 최고령 연예인 이순재 님은 연극 무대와 안방극장에서 젊은이 못지않게 활동한다. 이런 모습을 보며 나도 평생 현역을 꿈꾼다.

  2년 전, 자립 준비 청년을 대상으로 진로 멘토링 제안을 받았다. 직장 생활을 오래 한, 성공한 여성을 만나보고 싶다고 했다며 직원들이 내게 멘토링을 부탁했다. 직장 생활을 오래 했으나 성공한 것은 아니라며 고사했다. 성공이란 단어만 들으면 왜 이리 쭈그러드는지…. 직장을 바꿀 때마다 낮아진 급여는 내 선택이었다고 해도, 50대 중반 이후 경제적 타격을 받고 성공은 거리감 있는 단어가 됐다.

내가 롤 모델이라고 하는 동료, 나와 같은 길을 따라오는 직원에게 미안하고 다른 사람들 눈에 성공한 이로 보이면 그런 거겠지 싶어 멘티를 만났다. 간단히 내 소개를 하고 무엇이 궁금한지 물어보려는데, "어떻게 직장 생활을 그토록 오래 하셨어요? 한 직장에서 오래 근무한 비결을 알고 싶어요" 한다. 궁금한 이유를 물으니, 직장 생활 1년 차인데 이직을 생각하고 있단다. 직장 생활을 오래 한 비결은 전문성과 성실성이라고 말해줬다. 멘티가 성공한 사람보다 오래 일한 사람에 방점을 둬서 다행이다. 오래 일한 것도 성공이다. 전문성이 뒷받침되거나 성실하지 않으면 오래 일할 수 없다.

참 오래 일했다. 스물두 살에 사회생활을 시작해 경력 단절된 3년을 제하고 40년 동안 직장에 다녔다. 퇴직 후 삶이 35년 이상 남았다는 게 실감 나지 않고, 아직 갈 길이 멀게 느껴진다. 어떻게 살아야 잘 사는 것일까 생각하다가 '평균 퇴직 49.4세… 죽음의 계곡 떠밀리는 나라'라는 기사를 봤다.

"꼴도 보기 싫어!"

돈이라는 게 그랬다. 몇십 년 함께 살며 쌓아온 정도, 부부의 인연도 돈 앞에서는 가을 낙엽처럼 버석버석 말라갔다. 매달 통장에 찍히던 숫자가 '350'에서 '0'이 되자 세 아이의 아빠이자 남편이었던 가장의 권위는 온데간데없이 사라졌다. 눈만 뜨면 돈 이야기로 싸웠고, 돈 못 버는 걸로 다투다 잠이 들었다.

10년 전 서모(65) 씨는 55살의 나이로 조금 이른 명예퇴직을 했다. 20년간 다닌 회사를 나올 때만 해도 '내 사업을 하겠다'는 부푼 꿈이 있었다. 하지만 시장 상황과 사업 아이템이 잘 맞지 않았고, 기회가 다시 올 때까지 기다릴 생각으로 봉사 활동을 시작했다. "돈벌이 없는 가장"의 '봉사'는 아내에게는 고통이자 눈엣가시였다. 결혼 준비하는 딸에 대학생 둘째, 셋째까지 돈 들어갈 곳이 한창 많다고 괴로워하는 아내와 매일같이 싸웠다. 통장 잔고와 함께 부부의 인연도 바닥을 드러냈다.

5년 전 집을 나온 서씨는 현재 서울의 한 고시원에서 홀로 생활하고 있다. 몇 년 전부터 나오는 국민연금 81만 원이 서씨의 유일한 '소득'이다. 이 돈으로 밥도 사 먹고 차비도 하고 당뇨와 고혈압 약값도 내야 한다. 고시원에서 밥과 김치를 주지만 사람이 먹을 만한 수준은 아니었다. 그래도 입으로 먹을 걸 넣을 수 있으니 굶지는 않고 있다고 자신을 위로한다. 맨밥에 김치만으로 버티기 힘든 날엔 슈퍼에서 고등어 통조림을 사다 김치와 함께 바글바글 끓여 먹는다. 고등어 김치찌개가 서씨의 유일한 '단백질' 섭취다. 서씨는 "연금을 받아 숨통이 트이긴 했지만 '언 발에 오줌 누기' 수준에 그친다"고 토로했다.

2023년 11월 7일 CBS 〈노컷뉴스〉에서

오래 일하고 가정을 책임지면서 가족과 함께 편안한 노후를 기대했을 텐데 안타까웠다. 아무래도 퇴직하고 나니 이런 기사에 자꾸 시선이 가고, 어쩌면 돈을 많이 벌어놓은 것이 성공이 아니라 오래 일하는 것이 성공일지도 모른다는 생각이 들었다.

갈 길이 멀지만 기대된다

우리는 지금 아무도 가보지 않은 고령화의 길을 걷고 있다. 평균수명 83.6세로 100세까지 삶을 기본으로 생각해야 하는 시대다. 단순히 생각하면 100세까지 사는 세상이지만, 그 안에 내포된 의미는 '그러니 대비하라, 단단히 설계하고 준비해야 100세까지 삶을 편안하게 누릴 수 있다'는 말이다. 사람마다 일하는 기간이 달라도 대체로 30년은 직장 생활을 한다. 30년 벌어서 70년을 써야 하니, 개인도 국가도 벅차다. 삶의 패턴, 일에 대한 인식, 교육에 관한 생각 등 여러 가지 면에서 과거와 다른 패러다임으로 살아야 한다. 일하는 기간을 최대한 늘려서 50년 벌어 70년을 쓰는 삶으로 바꿔야 한다.

40년 일하고 내려왔는데 35년이 기다리고 있다. 아직 갈 길이 멀다. 후반생을 설계하고 노후 준비를 하는 과정에서 수차례 반복한 질문이지만, 35년이라는 시간을 충만하게 살기 위해 다시 자문해본다. "나는 지금 잘 살고 있는가? 내가 원하는 삶은 무엇인가? 나는 어떻게 살고 싶은가?"

피터 드러커는 "미래를 예측하는 가장 좋은 방법은 미래를 창조하는 것"이라고 했다. 후반생은 자신이 원하는 대로 살자. 자신이 원하는 삶을 상상해 새로운 삶의 모습을 그리고 가능성을 발견하면 된다. 전반생에 나를 규정한 정체성을 분해하고 후반생은 내가 원하는 삶을 위해 새로운 정체성을 찾아 만들어간다면 기대하는 삶, 원하는 삶으로 채울 수 있지 않을까?

아무도 가보지 않은 길이다. 갈 길이 멀지만 그래서 더 기대된다.

2.

은퇴의
방해꾼이 생겨도
계획이
필요해요

꽃길을 걷다가 가시밭길을 만나다

남자만 가장 하라는 법 있나?

터널의 끝은 빛이다

은퇴를 맞이하기 위한 5가지

꽃길을 걷다가
가시밭길을
만나다

"인간은 계획하고 신은 비웃는다."
_ 기욤 뮈소

추락하는 것은
날개가 없다

어떤 삶이 성공한 삶인가. 사람마다 성공의 정의나 기준이 다르지만, 내가 원하는 성공은 소박했다. 편안하게 살 집 한 채 있고, 자녀가 스스로 살아갈 능력을 키워주고, 누군가를 만나면 부담 없이 밥이나 차를 살 경제적 여유가 있고, 나이 들수록 넉넉하면서도 우아한 삶이 내가 원하는 성공이었다. 그런 삶을 위해 주어진 여건에서 열심히 살았다.

 평범한 삶도 어렵다던가. 원하는 삶에 가까워지고 있다고 생각하던 50대 중반 어느 날, 예고 없이 가시밭길을 맞닥뜨렸다. 잠깐 지나가고 말려니 했는데 끝이 보이지 않는 가시

받길이었다. 추락하는 것은 날개기 없다고, 내 50대 중반 이후가 꼭 그랬다.

그럭저럭 평탄하던 삶은 남편이 형에게 명의를 빌려주면서 꼬이기 시작했다. 내 머릿속에는 명의를 빌려준 뒤의 시나리오가 훤히 그려지는데, 남편은 아니었나 보다. 이미 벌어진 일이니 아무 탈이 없기를 빌고 또 빌었다. 불길한 예감은 빗나가지 않았다.

명의를 빌려주고 얼마 지나지 않아 아파트 현관문에 노란 딱지가 붙기 시작했다. 발신자는 ○○지방법원이다. 가슴이 철렁했다. 분명히 일이 생겼는데, 남편에게 물으면 형이 알아서 해결할 거라고 딱지를 떼서 가져간다. 잠잠하다가 다시 노란 딱지가 붙고 전달하기를 7년, 내 가슴속은 문드러지고 있었다.

남편은 형에게 명의를 빌려주고 얼마 지나지 않아 회사를 그만두고 창업하겠다고 선언했다. 나는 40년 동안 중소기업과 소상공인 등 기업의 창업 경영 지원을 하면서 수많은 기업의 생멸을 봐왔다. 창업하고 바로 수익이 창출되면 얼마나 좋을까마는 현실은 그렇지 않다. 특히 IT 기업은 자리 잡기까지 오래 걸린다. 중소기업이나 소상공인 창업자의 파란만장한 경영 실태를 잘 아는 사람으로서 50대 초 남편의 IT 창업은 듣기만 해도 불안했다.

'문간에 발 들여놓기 전법'에 당하다

남편은 나하고 상의 없이 창업을 감행했다. 왜 상의하지 않았느냐고 물으니 말릴 게 뻔해서라고 했다. 말했으면 도시락 싸 들고 다니면서 말렸을 거다. 기왕 창업했으니 알아서 잘 꾸려가길 바랐는데 1년 지나면서부터 손을 벌리기 시작했다. "직원들 급여 지급해야 하는데 부족한 자금 좀 융통해줄 수 있어요?" "연구소 설립하는데 수금하면 줄 테니 빌려줄 수 있어요?" "지방 프로젝트에 숙소 마련해야 하는데 계약금 들어오면 줄 테니 먼저 해줄 수 있어요?"

다양한 이유로 돈을 가져갔다. 거절을 잘 못 하고 사업의 구조와 생리를 너무 잘 알다 보니 남편의 부탁을 들어줬다. 어려운 시기를 건너면 자리 잡겠지, 응원하는 마음으로.

마케팅에 '문간에 발 들여놓기 전법'이 있다. 일단 문간에 발을 걸쳐야 문안으로 들어올 수 있다는 뜻으로, 고객에게 물건을 팔기 전에 점포 안으로 들어오게 하는 전략이다. 처음부터 큰돈을 부탁했으면 거절했을 텐데, 거절하기 어려운 금액에 엮이고 말았다.

내 이름으로 든 예·적금부터 아들의 예·적금, 펀드, 집 담보대출까지 필요한 자금을 대주다 보니 집 한 채 값이 야금야금 들어갔다. 해결되는 일은 없고, 그야말로 돈 먹는 하마였다. 더는 해줄 게 없던 2016년 가을, 남편이 "아무래도 사업을 정리해야 할 것 같아요"라고 말했다. 가슴이 철렁했다. 어느 날부터 돈을 가져가면 되돌아오지 않는 것을 보고도 기업이 힘든 시기를 버텨야 열매를 거둘 수 있다는 믿음으로 지원했는데 헛된 믿음이었다. 내 발등을 내가 찍었다.

'젊을 때 넘어지면 복구할 시간이라도 있지, 은퇴할 나이에 도대체 어떻게 살라고?' '다시 일어설 수 있을까?' 수많은 날을 두려움에 떨었다.

일이 이렇게 벌어질 줄은 꿈에도 모르고 쉰두 살에 대학원 박사과정을 시작한 나, 유학 후 전공을 바꾸려고 대학교에 편입한 아들… 내가 그만둘 수도, 아들에게 그만두라고 할 수도 없는 상황이었다. 돌려받지 못한 담보대출 4억 5000만 원과 현금 2억 5000만 원까지 출혈이 심했다. 현금은 날리면 되지만 담보대출은 갚아야 했다. 외벌이로 생활하며 갚아야 할 대출이자를 생각하니 꼬리에 꼬리를 무는 고민으로 불면의 날을 보냈다. 혈압은 살금살금 올라가 건강을 위협했고, 자존감은 슬금슬금 떨어져 마음을 힘들게 했다.

창업 전문가로서 사업을 시작하려는 사람들에게 '성공의 조건을 만들고 시작하라'가 내 주제가다. 그런데 장밋빛 환상에 빠져 창업한 사람이 바로 옆에 있었다. 남편이 형에게 명의를 빌려준 일, 나와 상의 없이 창업한 일이 50대 내 인생의 발목을 잡고 늘어졌다. 내 힘으로 어쩔 수 없는 일 때문에 터지는 문제로 속수무책이었다.

꽃을 꺾을 수 있어도
봄마저 뺏을 순 없다

50대는 버거운 시기다. 자녀 대학 보내고, 자녀 결혼 준비하고, 자신의 노후 준비까지 돈 쓸 일이 많은데 직장에서는 물러나야 한다. 결승점에 가까워졌다고 생각한 순간 넘어지니 일어나지 못할 것 같았다. 설사 일어난다 해도 결승점까지 가기 어려울 듯싶었다.

남편 사업, 직장에서 받는 스트레스, 때맞춰 찾아온 갱년기. 한 가지로도 버거운데 세 가지 문제가 한꺼번에 50대 중·후반을 뒤흔들었다. 세 가지 중 어느 하나도 내 마음대로 할 수 없는 문제에, 시기도 좋지 않았다. 노후 준비를 마무리해야 하는 때, 왜 이런 일이 벌어진단 말인가.

혼자 삭이고 감내하자니 미칠 것 같았다. 남편은 남편대로 힘든지 냉담 중이던 성당을 찾았다. 매일 새벽 미사에 가는 모습을 지켜보다가 두 달째부터 나도 같이 다녔다. 저녁형 인간이라 새벽 5시에 일어나 6시 미사에 참여하기가 쉽지 않았지만, 내가 할 수 있는 일이 남편과 함께 비를 맞는 것뿐이었다. 5년을 하루도 거르지 않고 새벽 미사에 나갔다. 돈 문제로 마음까지 힘들지 않게 해달라고, 제발 남편 사업이 잘되게 해달라고 빌고 또 빌었다.

내가 정신 차리지 않으면 노후는 비참할 테고, 건강마저 악화하면 치명적일 수밖에 없다. 무엇보다 지나온 삶, 내 모든 노력이 부정되는 듯해서 힘들었다. 새벽 미사에 다니고 수양하면서 내가 통제할 수 있는 일과 통제할 수 없는 일을 분리했다. 벌어진 일에 전전긍긍하지 않고 통제할 수 있는 일에 집중하기, 나 자신을 믿고, 걱정할 시간에 지금 상황을 바꾸려는 행동을 하나 더 하기로 했다. 겉으로는 아무 일도 없는 척, 속으로는 벗어나려고 발버둥 치며 백조처럼 살았다.

칠레의 민중 시인 네루다는 "누군가 모든 꽃을 꺾을 수 있어도 봄마저 뺏을 순 없다"고 했다. 50대 초반까지 내가 일군 꽃밭을 누군가 망가뜨릴 수 있지만, 내가 삶을 대하는 긍정적 태도와 미래에 대한 희망마저 빼앗을 순 없다. 살다 보면 늘 평탄한 길은 없다. 꽃길을 걷다가 가시밭길을 걷기도 하고, 가시밭길을 걷노라면 다시 꽃길을 만난다. 살아가면서 불행한 일이 없기를 바라지만 그럴 확률은 아주 낮다. 넘어지면 일어서야 하고, 가시밭길을 만나면 고통을 참고 걸어야 한다. 견디는 시간 없이 다시 꽃길을 걸을 순 없다.

이 또한 지나가리라

지난 10년간 한 치 앞이 보이지 않는 먹구름 속을 지나왔다. 신은 왜 나를 이런 식으로 테스트하는가 반문하고, 하필 이 시기에 왜 이런 시련을 주는가 따지고 싶었다. 앞을 모르니 더 불안했지만, 특별한 방법이 없었다. 나는 "이 또한 지나가리라"라며 어려운 시기를 건너왔다. 누군가 내게 영원히 푸른 하늘을 보지 못하고 먹구름 속에 살 거라고 했다면 그 10년을 견디기 어려웠으리라. 사람이 주는 위로나 격려보다 글 한 줄이 힘이 될 때도 있다. 다른 방법이 있었다면 그 방법을 택했을지 모른다.

지금 어려운 상황으로 힘든 시간을 보내고 있는가. 내 힘으로 어쩔 수 없는 일로 힘든가. 그렇다면 내가 그랬듯이 "곧 지나갈 거야. 견뎌야 좋은 날을 만날 수 있어"라고 말해주고 싶다. 지난날 힘든 순간에 메모한 글을 가끔 읽어본다. 괜히 불안해하고 걱정했구나 싶을 정도로 다 지나간 걸 보면 힘든 시기에 읊조린 글 한 줄이 명약임이 분명하다.

누구에게나 힘든 일은 있다. 그 일은 지나가게 마련이다. 힘든 일 자체에 매몰되기보다 힘든 일을 해석하는 방식을 달리하면서 되뇌자. "이 또한 지나가리라." 좀 더 편안한 마음으로 견딜 수 있다. "그 또한 지나갔다."

남자만
가장 하라는 법
있나?

"우리 집의 크기는 중요하지 않았습니다.
그 안에 사랑이 있다는 것이 중요했습니다."
_ 피터 버핏

돈은 잃었지만,
건강을 잃지 않아 감사하다

결혼 전 혼인성사를 위해 신부님을 만났다. 신부님은 오순도순 살면서 부부간에 싸울 일이 있어도 다투지 말고 편지를 써보라는 조언을 해줬다. 두 사람 다 평화주의자에 사느라 바빠서 크게 충돌할 일이 없었다. 그러다 보니 산후 우울감으로 힘든 때를 빼고는 편지 쓸 일이 생기지 않았다.

　오순도순 살아가던 우리 부부에게 50대 후반에 벌어진 사건은 진도 7이 넘는 타격이었다. 아들을 미국으로 유학 보낸 시기에도 돈 때문에 힘들진 않았다. 갑작스레 닥친 지진 같은 재정 위기를 어떻게 헤쳐 나가야 할지 몰라 고통스러웠다. 인내의 시간과 극복하는 노력의 과정을 보태면 해결할 수 있을까? 무엇보다 스스로 딛고 일어서야 한다는 사실을 잘 알기에, 정신 차리고 대대적인 재정 수술에 들어가기로 했다.

첫째 과제인 담보대출 4억 5000만 원을 해결하고 이자 비용을 줄이기 위해 43평(142m²) 아파트를 내놨다. 부동산 경기가 안 좋아서 그런지 집을 보러 오는 사람이 없었다. 다달이 이자 비용 150만 원을 감당하기 어려워 전세로 돌리니 일주일 만에 세입자가 나타났다. 은행 대출금을 상환하고 남은 돈으로 살 집을 알아봐야 했다. 전세 얻기도 부족한 돈으로 집을 보러 다니려니 눈물이 절로 나오고, 전셋집에서 노후를 보낼 생각에 서러웠다. 대출을 끼고 소형 아파트를 마련하는 전략을 세웠다.

43평 아파트에서 22평(73m²) 아파트로 이사하려니 책상이며 소파며 크기가 맞지 않아 버렸다. 28년간 살아온 목동 집을 정리하고 2017년 8월에 새로운 보금자리로 이사했다. 비가 부슬부슬 내리고 눈물이 뺨을 타고 흘렀다. 남편에게 들킬까 봐 창밖을 보는 척 슬그머니 눈물을 훔치며 '집 크기는 줄었지만, 행복의 크기를 늘리면 돼. 행복은 강도가 아니라 빈도라잖아. 이제 불행 끝 행복 시작이야'라고 마음속으로 주문을 걸었다. 건강을 잃지 않은 것만도 감사하자고 생각하며 성산대교를 건너왔다.

Impossible을
I'm possible로

감사하면서 살자고 마음먹었지만, 심리적으로는 위축됐다. 어쩔 수 없는 속물인가 보다. 누군가 어디 사는지 물으면 잘못한 것 하나 없는데 죄지은 사람처럼 움츠러들었다. 가족도, 친구도, 업무상 필요한 사람도 만나기 싫었다. 비교하지 말자고 생각해도 바보처럼 자꾸 비교되고, 그들의 웃음 뒤로 내 눈물을 숨겼다. 헤어져 돌아오는 길이면 영락없이 눈물이 터졌다.

'집이 작으니 청소하기 쉽고 관리비도 덜 나와 좋다' '아파트 앞에 홍제천이 있고 동서남북으로 북한산, 안산, 인왕산, 백련산이 있으니 건강 챙기기도 좋다'고 자기암시를 하면서 돈을 잃은 대신 건강은 잘 챙기고 하루하루 소확행 하며 살자고 다짐했다. 그러나 이사 온 동네도, 집도 마음에 안 들어 한동안 정을 붙이지 못했다.

이사하면서 담보대출은 갚았지만, 전세 대신 구입으로 전략을 바꿈에 따라 새로 생긴 대출과 여러 가지 해결할 일이 남았다. 결국 내 몫이다. 정신을 차리고 재산과 재정 상태표를 점검했다. 세놓은 아파트를 팔면 담보대출과 언니들에게 빌린 돈, 박사과정 학자금 대출 등을 정리할 수 있다. 이 경우 아들 결혼 자금과 우리 부부 노후 자금 등 예금 자산이 전혀 없다는 점이 가장 큰 문제다. 예금 자산과 현금 흐름을 개

선해야 했다.

　최우선 과제는 노후에 현금 흐름을 창출하기 위한 국민연금 리모델링이었다. 첫 직장을 그만두면서 일시금으로 받은 연금을 반환하는 제도가 있다는 것을 듣고도 반환할 여력이 없어 차일피일 미뤘는데, 상황이 이렇게 되고 보니 노후에 믿을 건 연금뿐이었다. 국민연금 리모델링으로 현금 흐름을 개선하는 데 초점을 맞췄다.

　둘째 과제는 부채 상환이었다. 학자금 대출, 언니들에게 빌린 돈은 양해를 구하고 반 정도 갚은 뒤 나머지는 다달이 조금씩 갚기로 했다.

　셋째 과제는 아들 결혼 자금 2억 원 마련하기였다. 저축과 내 퇴직금을 포함해서 마련하되, 모자라면 담보대출을 활용할 계획을 세웠다.

　넷째 과제는 부동산밖에 없는 자산 구조에서 은퇴 후 필요한 비상금 마련하기였다. 저축보다 부채 상환이 우선이었기에, 셋째 과제를 마치고 시작해서 노후 비상금을 1억 원 정도 마련하는 것으로 정했다. 처음엔 가능할까 싶었지만, Impossible을 I'm possible로 만드는 것이 나의 지상 과제였다. 이 과제는 평생 현역으로 살고자 하는 내게 강력한 동기 부여가 됐다.

남자만 가장 하라는
법은 없다

재정 상태 점검과 리모델링 계획을 세우고 하나씩 이행하며 지내던 어느 날, 친구가 안쓰러운 듯 "네가 가장 노릇 하느라 애쓴다"고 말했다. "지금 세상에 무슨 남자 여자를 따지니. 남자만 가장 하라는 법 없잖아. 누구든 하면 되지"라고 하니 나더러 대단하다고 한다. 사실 대단해서가 아니다. 달리 방도가 없으니 할 뿐이고, 내가 그 역할을 할 수 있는 것만으로도 감사했다.

우리 사회는 전통적으로 가장의 역할과 의무를 남자에게 부여했다. 과거에 남자는 경제활동을 책임지고, 여자는 집 안에서 살림살이하도록 역할을 분담했다. 국어사전에 가장家長은 '한 가정을 이끌어 나가는 사람' '남편을 달리 이르는 말'이라고 나온다.

가장이란 단어의 뜻을 보며 세 가지 의문이 들었다. 첫째, 가정을 이끈다는 의미를 경제활동으로만 규정한 것 아닌가? 둘째, 집 안에서 살림하는 사람도 가장의 역할을 톡톡히 해내는데 살림의 가치를 무시한 것 아닌가? 셋째, 가장이 왜 남편에 국한되는가? 남녀가 함께 경제활동과 육아, 집안일을 하는 세상에 가정경제를 책임지는 가장은 왜 남자의 몫이라 생각할까? 가장이 반드시 남자여야 한다는 법은 없다. 시대가 다르니 여자도 가장 역할을 할 수 있어야 하고, 같이 해야 한다. 알게 모르게 가장의 역할과 책임이 남자에게 있다는 전통적 생각에서 벗어나야 한다.

세상이 많이 변했다. 세상에 맞춰 우리 삶의 방식도, 역할도 변해야 한다. 남편이 가장이란 시각에서 벗어나야 한다. 남편이 가장의 역할을 더 많이 해야 할 시기도 있고, 아내가 가장의 역할을 더 많이 해야 할 시기도 있다. 가정이란 공동체는 이인삼각처럼 남편과 아내가 합심해서 이끌어야 한다. 두 사람 모두 가장이어야 한다.

이제 사전에서 가장의 뜻풀이도 바뀌어야 한다. '한 가정을 이끌어 나가는 사람'은 남기고 '남편을 달리 이르는 말'은 삭제하는 걸로.

터널의 끝은 빛이다

"삶이 당신에게 레몬을 준다면
레모네이드를 만들어라."
_ 미국 속담

마이너스 인생에서
플러스 인생으로

회사를 경영한다는 것은 리스크를 떠안는 것이다. 책임이 오롯이 경영자에게 있다. 경영자들이 겪는 애로 사항 1순위는 자금 조달이다. 회사가 제대로 돌아가기 위해서는 자금을 원활히 융통해야 하는데, 자금 조달에 한계가 있다 보니 많은 경영자가 가족에게 손을 벌린다.

　나는 직장에서 기업을 지원하는 일을 했기에 기업의 생리와 자금 조달의 한계를 누구보다 잘 안다. 버티는 시간이 있어야 생존하고 성장할 수 있다. 그러다 보니 남편이 자금이 필요하다고 하면 망설임 없이 지원했다. 적당한 선에서 해야 했는데 선을 넘었다. 더는 지원하지 못하게 됐을 때 남편은 사업을 접고 파산했으며, 1년 반이 지나 면책이 확정됐다. 면책되기까지 뭘 해도 불안하고 두려웠다. 좋은 일이 아닌데 기다렸고, 더 좋아질 일도 없는데 면책이 확정되니 숨통이 트이는 것 같았다.

가시밭길을 맞닥뜨렸고 긴 터널에 갇혀 두려움에 떨면서도 다시 꽃길이 펼쳐지리라는 생각, 터널에는 끝이 있을 거라는 희망으로 걸었다. 6년 세월이었다. 희미한 빛이 보이는 듯했다. 가장의 무게를 짊어지고 재정 복구 노력을 기울일 때, 하늘이 우리 편이었는지 답보 상태에 머무르던 집값이 오르기 시작했다. 대출이자가 버거워 매매로 내놓은 집이 팔리지 않아 전세로 돌리고 이사했는데, 집값이 올라 내놓은 때보다 2억이나 비싼 값에 팔았다.

사람 욕심이 끝이 없다. 더 기다렸다가 팔면 아들 결혼 자금 걱정을 좀 덜었을 텐데 하는 아쉬움이 있지만, 집값이 오르기 전에 팔렸을 상황에 비하면 중간은 했다 싶었다. 이만하면 하늘이 우리를 도왔다는 생각에 최악이 아닌 데 감사했다. 소득이 없는 노후에는 부채가 없어야 하는데, 다행히 퇴직하기 전인 2021년에 모든 부채를 정리했다. 마이너스 인생에서 플러스 인생으로 바뀌니 어찌나 기쁜지 남편과 치킨에 맥주를 마시며 자축했다.

나쁜 일이나 좋은 일은 몰려오는 모양이다. 남편 일이 정리되고 집 문제도 해결된 후, 아들이 대학을 졸업한 해에 공공 기관에 취업했다. 하늘을 날 것 같았다. 내게 이런 날도 오는구나 싶었다. '신의 직장'이라는 공공 기관에 들어가다니 대단하고 부럽다며 주변 사람들에게 축하 인사받느라 바빴다. 자식 일이 잘 풀리니 움츠러든 어깨가 저절로 펴졌다.

터널의 끝은 빛이다

 삶에 던져진 크고 작은 문제를 풀며 망망한 바다를 건너는 것이 인생이다. 내게도 이런저런 문제가 많았다. 어떤 문제는 해결하기 힘들어 늪에 빠진 날도 있고, 끝도 모르게 어두운 터널을 지나기도 했다. 늪에서 허우적대다가 잘 빠져나왔고, 긴 터널에서 지친 걸음 추스르며 뚜벅뚜벅 걸어 나왔다. 정말 애썼다. 터널에서 벗어나 빛을 만나니 힘들 때 되새긴 위로의 말과 나를 지탱하게 도와준 사람들이 떠올랐다.
 '이 또한 지나가리라' '꽃은 꺾을 수 있어도 봄마저 빼앗을 순 없다' '삶이 당신에게 레몬을 준다면 레모네이드를 만들어라' '나는 매일 모든 면에서 점점 나아지고 있다'…. 내게 위로를 건네고, 인내하도록 힘을 준 말이다.
 용기를 북돋운 사람도 많다. 성실하게 일한 남편을 욕보이기 싫어 힘들다고 떠벌릴 수 없었지만, 내 상황을 아는 사람들은 조용한 위로와 격려를 건넸다. 언제나 내 편인 그들 덕분에 덜 힘겹게 지나왔다. 고맙다.

　살면서 늘 평탄한 길만 걸을 수 있을까. 때로는 가시밭길을 만나고, 오르막길이나 낭떠러지 앞에 서고, 진흙 펄에 빠지기도 한다. 그때 '힘들다, 희망 없다'고 생각하는 발걸음과 '이 길 끝에 빛이 있을 거야'라고 생각하는 발걸음 가운데 어느 발걸음이 가벼울까? 똑같은 무게라도 희망을 보고 긍정적인 마음으로 가는 발걸음이 훨씬 가볍다.

　혹시 지금 나락에 빠졌다면, 망망대해에서 홀로 헤엄친다면 조금 더 용기를 내기 바란다. 겨울이 지나면 반드시 봄이 온다. 힘든 시간을 견뎌야 편안한 시간을 만나고, 견딘 고난이 클수록 평안도 크다.

　기억하라. 포기하지 않는 한, 절망하지 않는 한 희망의 봄은 반드시 온다. 제아무리 긴 터널이라도 그 끝은 닫힌 어둠이 아니라 열린 빛이다.

은퇴를 맞이하기 위한 5가지

"미래는 당신이 오늘 무엇을 하느냐에 달렸다."
_ 마하트마 간디

평생 현역이 능력자의 표본이자 부러움의 대상

은퇴는 시기가 다를 뿐, 누구에게나 온다. 은퇴를 어떻게 맞이해야 할까? 누구나 은퇴를 즐겁게 맞이하고 싶지만, 모두 그럴 순 없다. 은퇴를 즐겁게 맞이하기 위해서는 몇 가지 전제 조건이 뒷받침돼야 하기 때문이다.

설레는 은퇴를 위해 어떤 조건이 필요할까? '은퇴한 친구들 모임에서 가장 인기 있는 친구'에 관한 기사를 읽은 적이 있다. '연금 귀족'이라 불리는 퇴직 교사 모임에서 퇴직 후 택시 기사를 하는 친구가 가장 인기 있었다고 한다. 할 일이 있다는 게 이유였다.

베이비 붐 세대의 본격적인 은퇴가 시작된 2011년부터 퇴직자의 사회 공헌 활동을 돕는 일을 했다. 전직 대기업 임원과 교사, 공무원, 금융인, 군인 등 직업군이 다양한 퇴직자 2000여 명을 만났다. 사회 공헌 활동을 하겠다고 오신 분들이니 후반생 경제적 준비는 어느 정도 됐을 텐데, 무엇을 기대할까 궁금해서 교육에 참가한 동기를 물었다.

"돈은 벌 만큼 벌었으니 이제 사회에 환원해야죠."

"한 5년 해외여행을 다녀왔어요. 그런데 노는 것도 재미없더라고요."

"아직 젊잖아요. 일해야죠. 이렇게 오래 살 줄 알았으면 더 버틸 걸 그랬어요."

"자녀 교육도 아직 끝나지 않았는데 조기 은퇴당했어요. 취업은 안 되고 뭐라도 해야겠기에 나왔어요."

"아내가 인터넷 검색하다가 발견했다고 집에만 있지 말고 가보라고 해서 왔어요. 일주일에 두 번 교육 나오는 날이 무척 설레요. 아내도 좋아하더라고요."

교육 참가 동기가 다양하다. 한 가지 공통점은 퇴직 후 주 2~3일 보람도 느끼면서 어느 정도 수입이 있는 일을 오래 하고 싶다는 바람이다.

은퇴 후 생활에 대한 인식이 변하고 있다. 과거에는 은퇴 후 경제적 여유가 있으면 여행이나 등산, 골프 등 취미 생활을 만끽하는 것이 성공한 은퇴의 표본이었다. 이제는 경제적 여유가 있어도 여전히 일하는 평생 현역이 능력자의 표본이자 부러움의 대상이다. 돈도 중요하지만 할 일이 있어야 후반생이 더 의미 있고 가치 있다고 여긴다. 2000명이 넘는 퇴직자의 삶을 들여다보면서 경제적 대비뿐만 아니라 일과 같은 비재무적인 영역도 잘 준비해야 은퇴를 기분 좋게 맞이할 수 있음을 알았다. 퇴직 이후 일에 대한 영역을 퇴직 전에 준비해야 은퇴가 더 즐거울 수 있다.

과거와 미래는 바꿀 수 없어도
현재는 바꿀 수 있다

은퇴에 사람들의 관심이 쏠리고 정부가 정책으로 채택한 것은 우리나라 베이비 붐 세대가 대거 퇴직하기 시작한 2010년부터다. 연간 70만~80만 명에 이르는 퇴직자가 쏟아져 나왔다. 이들은 부모를 봉양했고 자녀를 부양하는 마지막 세대이자 정작 본인은 부양받지 못하는 첫 세대라, 은퇴 준비를 본격적으로 할 수 있는 사람이 많지 않았다. 지금은 은퇴를 준비해야 한다는 말이 당연하지만, 당시는 보험사에서 공포 마케팅으로 사용하는 정도로 생각했다.

　퇴직자 대상 교육과 상담을 하면서 자연스레 나의 퇴직 후 삶에 관해 생각했다. 평생 현역으로 살되, 기분 좋게 은퇴하고 정비해서 다시 재미있게 일하자는 후반생 목표를 세웠다. 상상만 해도 신났다. 아침 두 시간과 퇴근 후 두 시간은 미래를 준비하고 내 가치를 높이는 일에 집중했다. 마침 아들이 미국에서 공부할 때라 아침 7시 출근, 저녁 8시 퇴근 루틴 만들기가 가능했다. 하루 네 시간씩 닷새, 주말 이틀을 활용해서 주 30시간 정도 내 전문성을 키우는 일에 집중했다.

하루하루 최선을 다해 내가 원하는 삶에 가까워질 무렵, 삶이 송두리째 흔들렸다. 남편의 사업 문제, 50대 여성이라면 누구나 겪는 신체의 변화, 열정을 바치고 헌신한 직장에서 번아웃 등 모든 것이 '견딜 만한 지옥' 상태로 빠져들었다. 세상일이 내 뜻대로 돌아가지 않는다는 걸 알면서도 하늘이 원망스럽고 야속했다.

남보다 두 배 세 배 노력해도 견딜 만한 지옥에서 탈출하기 쉽지 않다는 걸 알지만, 상황이 힘들다고 탈출하려는 노력이나 내 전문성을 키우는 일을 게을리할 수 없었다. '노력한 만큼 전보다 좋아지리라'에서 '전보다'를 뺐다. 불행은 비교에서 온다고 하지 않는가. 남과 비교해도 불행하지만, 되돌릴 수 없는 자신의 과거와 비교하는 것도 불행의 씨앗이 된다. 에밀 쿠에의 "나는 매일 모든 면에서 점점 나아지고 있다"라는 말로 매일 자기암시를 하며 설레는 은퇴의 조건을 만들기 위한 일에 더 집중했다.

긍정 확언과 자기암시로 하루하루 충실히 살아내도 현실은 여전히 가혹했다. 사지도 않으면서 로또가 당첨되면 좋겠다는 쓸데없는 생각, 매주 로또를 사는 남편이 당첨돼서 내게 그동안 고생했다고 이제 걱정하지 않아도 된다고 좋은 집에서 좋은 음식 먹으며 원하는 일만 하고 살아도 된다고 말해줬으면 하는 상상을 했다.

지나간 일을 붙잡고 후회한들, 오지도 않을 막연한 미래를 가정한들 아무 소용이 없다. 과거는 되돌릴 수 없다. 오지 않은 미래를 바꿀 수도 없다. 내가 바꿀 수 있는 것은 현재뿐이다. 내가 원하는 대로 살고 싶어서, 성공하고 싶어서 과거에 수없이 외친 '생생하게 꿈꾸면 이뤄진다(Realization=Vivid Dream)'는 말을 믿고 지금의 상황에서 벗어나고 싶다는 간절함을 더했다. 과거와 미래는 바꿀 수 없으니 원하는 미래를 만나기 위해 현재의 나를 바꾸기로 마음먹고, 노후의 삶을 리모델링하기로 했다.

미래의 모습
다시 그리기

그동안 내가 그린 노후의 삶은 '넓고 좋은 집에서 가족과 오순도순 행복하게 살기, 자녀와 손주에게 용돈 두둑이 챙겨주기, 돈에 구애받지 않고 생활하기, 해외여행 자주 다니기, 사람들 만나면 내가 밥값 내기'와 같이 경제적인 자유가 충분해야 가능한 것이었다. 원하는 수준을 낮춰도 쉽지 않았다. 가장 먼저 부딪친 난관은 역시 재정이다. 이 문제를 해결하려니 답이 잘 보이지 않았다. 문제에 집착하면 답을 내기 어려워서 방법을 바꿨다.

'어떻게 살고 싶은가? 무슨 일을 하면서 살고 싶은가? 지금 일하는 방식이 마음에 드는가? 마음에 들지 않으면 어떻게 바꾸고 싶은가?' 자문했다. 잘 굴러가고 있다는 오만이었을까? 아이러니하게도 50대 들어서면서부터 내게 물어본 적이 없었다.

내 마음 들여다보기부터 시작했다. '너답게 살아. 너무 애쓰지 않아도 돼. 넌 너다울 때 제일 매력 있어. 지금도 충분해…'라고 마음이 보내는 위로가 들렸다. 내 안에 또 다른 내가 있었다.

'나답게 살라고? 나답다는 건 뭐지?' 생각하니 젊은 시절부터 내 인생관 '인간답게 살자, 더불어 행복하게 살자'가 떠올랐다. '내가 소중한 만큼 다른 사람도 존중하며 살기, 더불어 잘 살기'에 가치를 두고 지키려고 노력했다. 내가 원하는 삶은 평범하다. 세월이 내 나이만큼 얼굴과 삶에 녹아들되, 나이 들수록 관대하고 편안하게 사는 것이다.

노후의 삶도 남편과 함께해야 하니 어떻게 살고 싶은지 물어봤다. "건강관리 잘하고, 돈이 덜 드는 국내 여행은 자주 하고 해외여행은 1년에 한 번쯤 다녀오고, 여력이 되면 좀 더 넓은 집에서 살고 싶다"고 한다. 내 생각도 크게 다르지 않았다. '노후 준비를 위한 재정 정비 계획 세우기, 국민연금 보강하기, 은퇴 후 소확행의 삶, 부부 공동의 버킷 리스트 만들고 실천하기'로 의견을 모았다. 남편과 함께하는 삶도 있지만,

남은 인생은 내가 원하는 방식으로 집중하려고 은퇴 후 설레는 삶의 방향을 다음과 같이 정했다.

1. 내 편인 사람들과 소확행을 누리며 즐겁게 살자.
2. 직업적 사치를 부리며 편하게 살자(직업적 사치란 '돈이 안 되더라도 좋아서, 재미있어서 하는 일'이다. 내가 정의한 용어다).
3. 노후를 황금기로 만들자.
4. 자녀에게 힘이 되지 못할망정 짐이 되지 말자.
5. 강한 책임과 의무에서 벗어나 자유롭게 살되, 지금까지 그랬듯이 스스로 책임지자.

미래의 나 구하기

미래의 모습에 대한 방향을 정하고 나니 상상만 해도 기분이 좋았다. 현재를 너무 희생하지 않는 조건에서 미래의 원하는 나를 구하기로 했다. 꽃말이 '반드시 오고야 말 행복'인 메리골드를 필명 삼아 '미래의 메리골드 구하기' 프로젝트를 시작했다. '재정 상태 개선, 50대 넘어 몸에 나타난 혈압과 관절 통증 등 건강관리, 은퇴 이후 일에 대한 준비'를 가장 중요한 목표로 잡았다.

- 프로젝트명 : 미래의 메리골드 구하기
- 슬로건 : 직업적 사치를 부리며 인생의 황금기를 누리자
- 5가지 목표
    1. 내 편인 사람들과 좋은 관계를 만들고 유지하기(인맥 통장)
    2. 직업적 사치를 누리기 위해 연금 리모델링 하기(소득 통장)
    3. 65세 이후 인생 황금기를 보내기 위해 평생 현역의 조건 만들기(지식재산 통장)
    4. 자녀에게 짐이 되지 않고 활기찬 노후를 보내기 위해 건강 챙기기(건강 통장)
    5. 이 모든 조건을 완성하기 위해 좋은 습관 들이기(습관 통장)

다섯 가지 목표에 집중하자고 결심한 뒤, 65세를 디데이로 잡아 통장 다섯 개에 잔고를 채우기 위해 하나씩 실천했다. 조엘 오스틴은 "삶은 매일 아침 시작된다"고 말했다. 아침이 즐거워야 하루가 즐겁다. 일어나자마자 스트레칭과 함께 "오늘도 멋진 하루"라고 외쳤다. 인왕산을 향해 "무엇이든 할 수 있는 '나'이고, 무엇이든 할 수 있는 '나이'다"를 외치며 새로운 삶에 주문을 걸었다.

꿈이 있고 목표가 있으니 어려운 현실이 덜 힘들었다. 일제 강점기에 독립운동가들이 나라를 구하는 마음으로 나를 구하

는 프로젝트를 차근차근 시도하니 엉킨 실타래가 하나둘 풀리면서 내 인생도 풀리기 시작했다.

　세상일이 뜻대로 되지 않아 힘든 적도 있고 열심히 계획하며 살아온 나를 신이 비웃듯이 파멸로 이끌기도 했지만, 포기하거나 절망하지 않았다. 간절한 마음으로 현재를 충실히 살고 미래를 준비하니 통장 다섯 개에 잔고가 차곡차곡 쌓여 자유롭게 날 정도가 됐다. 은퇴를 설레는 마음으로 기다리고 맞이할 수 있었다.

　어떤 은퇴를 맞고 싶은가? 은퇴 후 어떤 삶을 원하는가?
　지금 선택하라. 설레는 은퇴를 보장하는 통장 다섯 개의 잔고를 확인하고 차곡차곡 쌓아라. 은퇴 후 훨씬 더 충만한 삶이 가능할 것이다.
　인생은 선택의 연속이다. 사르트르는 사람이 태어나서 죽는 순간까지 수많은 선택을 하고 살며, 그 선택의 결과가 삶이라는 것에 빗대어 B(birth)와 D(Death) 사이에 C(Choice)가 있다고 했다. 과거에 선택한 결과가 지금이고, 지금의 선택이 미래를 만든다. 설레는 은퇴를 맞고 싶다면 지금 다섯 가지 조건 만들기를 선택하라. 그리고 실행하라.

3.

은퇴를
돕는
내 편이
필요해요

가족이라는 든든한 끈

우리 부부가 사는 법

나는야 B급 부모

언제까지 어깨춤을 추게 할 거야

오십의 친구, 양보다 질이다

가족이라는 든든한 끈

"가족은 눈물로 걷는 인생의 길목에서
가장 오래, 가장 멀리까지 배웅해주는 사람이다."

_ 권미경

언제나 내 편, 가족

힘든 일이 있을 때 가장 먼저 생각나는 사람은 가족이다. 무조건 내 편인 사람도 가족이다. 피를 나눈 가족이 있고, 결혼으로 생긴 가족이 있다. 나도 누군가의 가족이어서 그들에겐 무조건 지지와 격려와 응원을 보낸다. 그런데 무조건이 문제가 될 때가 있다. 개인연금을 비롯해 노후 자금까지 남편 사업 자금으로 사용하는 바람에 50대 중반 이후는 마른 수건도 쥐어짜야 할 만큼 재정이 바닥났다.

남편 사업 자금 대출이자, 아들 학비, 내 대학원 학자금 대출 상환까지 돈 들어갈 데는 많고, 내 수입으로 생활하기에 한계가 있었다. 저축이 남아 있을 리 만무했다. 수입 범위를 벗어난 지출을 해야 하는 상황이 오면 주변에 아쉬운 소리 하기 싫어서 필요할 때 잠깐씩 사용하기로 하고 5000만 원 한도 마이너스 통장을 만들었다. 마이너스 통장은 취지와 달리 만들자마자 한도가 거의 차서, 금리 높은 대출 통장이 됐다.

 덜 쓰고 더 벌어야 하는 절박한 상황이었다. 연차휴가를 이용한 강의와 심사, 평일 저녁 시간과 토요일을 활용한 연구 용역 등 부가 수입을 마련하기 위한 활동을 했다. 당장 돈이 되지 않아도 미래 경력이 되는 일이면 했다. 박사 학위를 취득한 2016년, 지도 교수님이 대학 교재를 리뉴얼한다고 하셨다. 박사과정에서 재미있게 공부한 《소비자 행동》을 선택해 리뉴얼 작업에 참여했다. 준비해야 기회가 왔을 때 잡을 수 있다. 교재 집필을 마치고 나니 뜻밖에 소비자 행동론 출강 의뢰가 왔다. 대학원 강의라 신경이 쓰였지만, 고민 끝에 수락했다. '그래, 도전해보자. 학생들이 내 강의를 수강한 것을 후회하지 않도록 최선을 다하자. 누구나 처음은 있으니까.' 개강까지 두 달 남았다. 근무시간 외 시간과 주말에 강의 준비에 몰두했다.

 개강할 때가 되니 슬슬 복장이 걱정됐다. 강의가 있는 토요일마다 똑같은 옷을 입을 수도 없고, 옷을 살 형편은 안 되고…. 남자는 같은 양복을 입어도 티가 안 나는데 여자는 왜 같은 옷을 입으면 티가 나는지.

 어느 날 올케언니가 전화했다. "작아서 못 입는 정장이 많은데, 한두 번밖에 안 입어 새거나 마찬가지예요. 아가씨가 입으면 잘 맞을 것 같아서 연락했어요. 어때요?" 듣던 중 반가운 소리였다. 마침 옷 때문에 걱정했는데 고맙다고 하니 "셋째 아가씨랑 통화하다가 들었어요. 아가씨가 대학원 강의 나가는데 옷 때문에 걱정한다고. 그러잖아도 비싼 옷 사놓고 못 입어 아까웠는데 임자가 있어서 다행이에요"라고 한다. 올케언니가 준 옷은 자그마치 열 벌이 넘고, 모두 강의용 복장에 어울리는 정장이나 원피스였다. 입어보니 안성맞춤이다. 이후로도 올케언니가 옷을 많이 줘서 4년간 토요일 강의에 요긴하게 입었다.

"이사님, 옷이 참 예뻐요. 어디서 사셨어요?"

"이사님 옷이 우아해요."

"올케언니가 준 거야."

"알 만한 사람들은 다 안다는 그 옷이네요. 입다가 싫증 나면 저한테 버리세요."

"가방이 아주 멋있어요. 싫증 나면 저에게 넘기세요."

"형부가 졸업 기념으로 사주셨어. 구두랑 세트로."

"저도 그런 형부 있으면 좋겠네요."

모두 부러워했다.

몇 해 전 겨울, 다섯 자매 단톡방에서 독감 예방주사 얘기를 나눈 적이 있다. 독감 예방주사의 필요성을 크게 못 느끼기도 했고 거기까지 신경 쓰며 살 여유가 없어서 난 안 맞았다고 했다. 다음 날 셋째 언니가 카톡을 보냈다. "너희 부부

독감 예방주사 맞으라고 10만 원 부쳤다. 네가 돈이 없어 안 맞는 게 아닌 줄 알지만 이렇게라도 해야 맞을 것 같아서 보냈으니 꼭 맞아라." 말하면 안 받겠다고 할 테니 내 자존심을 건드리지 않고 배려한 행동이다. 안 맞아도 되는데 셋째 언니 덕분에 남편과 독감 예방주사를 맞았고, 이후 독감 예방주사는 해마다 거르지 않는다.

가족에게 글로 다 적지 못할 만큼 도움을 받았다. 남편과 가끔 웃으며 얘기한다. 속옷 빼고는 다 언니나 형부, 지인이 선물하거나 준 옷이라고…. 가방도 마찬가지다. 가족이 물심양면으로 지원하고 내 편이 돼준 덕분에 사회 초년생인 아들의 연봉 수준밖에 안 되는 비영리단체의 급여로도 50대 중·후반 내게 닥친 위기를 극복하며 살아왔다.

언니들에게 빌린 돈을 갚은 3년 전, 부채 정리가 끝났다. 빚 독촉을 받아본 적 없어도 마음의 부담이 컸는데, 갚고 나니 한결 홀가분했다. 그해 가을, 남편 환갑에 맞춰 언니와 형부들을 모시고 설악산 여행을 다녀왔다. 마음의 빚을 조금이나마 갚은 듯해 얼마나 기뻤는지 모른다. 물질이 풍요롭진 못하지만, 지금도 우리 부부는 보은 차원에서 마음의 빚을 조금씩 갚고 있다.

어려운 고비마다 가족의 도움이 없었다면 어땠을까. 어찌어찌 건너왔겠지만 더 힘겹고 고달팠겠지. 권미경 작가는 《아랫목》에서 "가족은 눈물로 걷는 인생의 길목에서 가장 오래, 가장 멀리까지 배웅해주는 사람"이라고 했다. 어릴 땐 팔 남매 대가족이 거추장스러웠는데, 힘든 고비마다 위로와 격려를 해준 사람은 가족이다. 서로 손 내밀어주는 가족이라는 든든한 끈이 많아서 50대 후반에 힘난한 강을 무사히 건넜다.

편안한 가족 관계도 노력이 필요하다

이처럼 가족은 살아가면서 보이지 않는 응원군 역할을 톡톡히 한다. 가족은 전반생을 살아가는 이유이자 은퇴 후 행복한 삶에 중요한 요소로, 평소 적극적으로 관리해야 한다.

퇴직자와 상담할 때 퇴직 전후 달라지는 것 중 가장 힘든 부분이 무엇인지 물으면, 의외로 관계의 문제라고 대답하는 분이 많다. 생각한 부부 관계와 달라서 당황스럽고 자녀와도 서먹서먹해서, 세상에 홀로 떨어진 듯 외롭고 쓸쓸하다고 한다. 자신은 가족을 위해 열심히 달려왔으나 그 공은 인정하지 않고, 함께하고 싶어도 부담스러워하고 집 밖으로 나가라 한다고 억울해하는 눈치다.

현역 시절에 가족 관계를 어떻게 설정하고 시간을 보냈느냐에 따라, 개인의 성향이나 주어진 환경에 따라 은퇴 후 가족 관계가 달라질 수 있다. 은퇴 후 서로 힘이 되고 편안한 가정생활을 하려면 젊은 시절부터 배우자와 자녀, 부모, 형제자매 등 가족 관계를 소중히 관리해야 한다.

2024년 5월 초등교사노동조합이 전국 4~6학년 초등학생 7010명을 대상으로 행복의 조건이 무엇인지 설문 조사한 결과, '화목한 가족을 만드는 것'(39%)이 1위를 차지했다. 가족에게 받고 싶은 선물은 '현금이나 상품권'이 21%로 가장 높았지만, '가족과 함께 보내는 시간'도 20%로 2위에 올랐다. 가족과 함께하는 시간은 가족 관계에 많은 영향을 미친다. 편안한 가족 관계도 노력이 필요하다. 어떻게 해야 할까?

고대 그리스 철학자 플라톤은 구성원 각자가 역할에 충실할 때 가장 이상적인 공동체가 만들어진다고 했다. 가정도 아버지는 아버지로서, 어머니는 어머니로서, 자식은 자식으로서 역할을 다할 때 이상적인 가족공동체가 된다. 역지사지하는 마음으로 상대방의 말에 귀 기울이고 공감하며, 상대방이 무엇을 원하는지 세심하게 살피고, 하루하루 감사하는 마음으로 살아가면 관계 통장에 가족의 행복이라는 잔고가 차곡차곡 쌓일 것이다.

보이지 않아서 더 소중한 가족이라는 끈, 두텁고 끈끈하게 이어가자.

우리 부부가 사는 법

"부부가 마음을 합해 집을 갖는 것만큼
훌륭한 일은 없다."

_ 호메로스

남편의
우스운 좌우명

6년 전에 살던 집의 규모를 반으로 줄여 이사했다. 우리 부부는 "재산은 잃었어도 건강하니 다행이다. 집의 크기가 줄어든 대신 행복의 크기는 늘리며 살자" "해외여행은 잘 못 가더라도 주변에 가까운 곳부터 자주 다니고 마음 편하게 살자"고 약속했다. 건강을 돌보고 여행할 여유조차 없으니, 1순위로 건강 챙기기와 소소한 일상의 행복을 만드는 몇 가지 일을 계획했다. '날마다 1만 보 걷기, 한 달에 한 번 서울을 벗어나 가까운 곳에 바람 쐬러 가기, 2주에 한 번쯤 치킨에 맥주 마시기, 분기별로 다섯 자매 여행하기' 등이다.

날마다 1만 보 걷기의 주 무대인 홍제천 산책길과 북한산 자락길은 우리 부부의 행복 크기를 늘리는 데 그만이다. 평일에는 저녁 식사 후 이어폰 나눠 끼우고 음악을 들으며 홍제천을 산책하고, 주말에는 북한산자락길을 걷고 들어와 느긋하게 아침을 먹는다. 건강을 챙기고 대화의 양과 질도 좋다. 나이 드니 산책이 즐겁다.

지난해 추석 무렵에 산책하다가 남편과 좌우명 얘기를 한 적이 있다. 남편은 좌우명이 '진인사대천명, 가화만사성, 대기만성'이라고 한다. 진인사대천명이나 가화만사성은 알겠는데, 예순셋에 좌우명이 대기만성이라니 뜬금없다는 생각이 들었다. 언제까지 기다려야 하나 싶기도 하고 우습기도 해서 왜 대기만성이냐고 물었다. 자신이 개발한 소프트웨어가 돈이 돼줄 테니 기다려보란다. 남편은 그렇게 믿고 때를 기다리는 모양이다.

남편의 믿음이 틀리지 않았음이 입증되면 좋겠다. 내게 해주고 싶은 게 많았을 테고, 말은 안 해도 오랜 세월 미안했겠지. 미안해하지 않아도 되지만 대기만성의 날이 오기를 응원하며 기다려야겠다. 잘되길 바라는 마음으로 요즘 응원과 지지를 더 많이 보내고 있다.

행복한 부부가 되려면

수명이 길어지다 보니 부부가 함께 사는 기간도 길다. 기나긴 시간을 함께하는 부부, 어떻게 해야 좋은 관계를 유지하며 살 수 있을까? 워싱턴대학교 심리학과 명예교수 존 가트맨은 《행복한 결혼을 위한 7원칙》을 저술했다. 그는 '무엇이 결혼 생활을 행복하게 만드는지'에 대한 문제의식으로 3000쌍이 넘는 부부를 25년 동안 연구해, 부부가 싸울 때 돈이나 명예 등 '대화 내용'보다 '대화 방식'이 이혼의 주원인임을 밝혔다. 대화 방식을 3분만 봐도 행복한 부부인지 이혼할 부부인지 예측할 수 있고, 그 정확도가 무려 95%라고 한다.

부부의 대화 유형은 '시비 걸기, 외면하기, 다가가기'가 있는데, 다가가기 유형을 택해야 부부 관계가 원만하다. 배우자가 좋지 않은 일을 이야기할 때 잘잘못을 따지지 말고, 배우자 입장에서 공감하고 지지하는 태도가 부부 관계를 돈독히 한다. 싸우더라도 금방 수습할 수 있는 화해 시도, 흥분 가라앉히기, 타협하기와 같은 기술을 사용하면 원만한 부부 관계를 유지할 수 있다. 이혼한 부부에게 나타나는 싸움의 언어는 '비난, 경멸, 방어, 도피(담쌓기, 무시)'다. 대화할 때 이 네 가지 언어를 반복적으로 사용하는 부부는 이혼에 이르며, 네 가지 언어를 다 사용하는 경우 이혼할 확률이 92%에 이르렀다고 한다.

갈등 없이 사는 부부는 없다. 자란 환경과 가치관, 성향, 삶에서 추구하는 목표가 다르기 때문이다. 갈등 그 자체가 아니라 어떤 문제가 생겼을 때 '상황'에 초점을 맞춰 해결하려는 노력이 중요하다.

행복한 부부는 불행한 부부보다 4~8년을 더 살고, 건강하게 산다. 행복한 부부의 자녀는 정서적으로 안정되고 자신감이 있으며, 사회적 상황 적응력도 높다고 한다. 행복한 부부가 되려면 어떻게 해야 할까? 가트맨은 《행복한 결혼을 위한 7원칙》에서 다음과 같이 그 방법을 제시한다.

원칙 1_ 애정 지도를 상세하게 그려라
원칙 2_ 상대방을 배려하고 존중하는 마음을 길러라
원칙 3_ 상대방에게서 달아나지 말고 진심으로 대하라
원칙 4_ 상대방의 의견을 존중하라
원칙 5_ 해결 가능한 문제는 두 사람이 해결하라
원칙 6_ 둘이서 막다른 골목에 부닥친 상황을 극복하라
원칙 7_ 공유할 인생의 의미를 발견하라

러시아의 대문호 도스토옙스키는 《카라마조프 가의 형제들》에서 "결혼은 정말 연마하듯이 꾸준히 노력하고 행복을 쌓아가야 한다. 순간적으로 사랑하는 것이 아니라 영원히 사랑할 것이기 때문에"라고 했다. 성격과 가치관이 다른 두 사람이 만나 길게는 70년 가까이 살아야 한다. 사랑만으로 살기

엔 너무 긴 시간이다. 배우자는 젊어서는 연인, 중년에는 친구, 노년에는 간호사라는 말이 있다. 사랑의 유통기한이 3년밖에 안 된다니 70년 사는 동안 연인에서 친구 같은 관계, 간호사 역할로 바꾸는 게 순리가 아닐까?

존 가트맨이 말한 '행복한 결혼을 위한 7가지 원칙'을 생활 속에 실천하자. 남은 세월 서로 건강을 챙겨주고 마음도 돌봐주면서 평생 친구로, 건강 지킴이로 간호사 역할을 자처하면 어떨까?

나는야 B급 부모

"자녀에게 줄 수 있는 가장 큰 선물은
책임의 뿌리와 독립의 날개입니다."
_ 데니스 웨이틀리

부모의 등급
A · B · C

요즘 결혼을 앞둔 자녀가 있거나 자녀를 결혼시킨 부모 사이에서 오르내리는 말이 있다. 부모도 등급이 있다는 것이다. 자녀가 결혼할 때 경제적으로 충분히 지원하고 자녀와 손주에게 경제적 지원을 비롯해 사후 관리를 잘하는 부모, 노후에 자녀의 부양을 받지 않는 부모가 A급이다. 자녀가 결혼할 때 경제적으로 충분히 지원하지 못하고 결혼한 뒤에도 마찬가지지만 노후에 자녀에게 부양을 받지 않고 독립적으로 살아가는 부모는 B급이다. 자녀가 결혼할 때 경제적으로 지원하지 못하고, 노후의 삶도 자녀에게 경제적으로 의지하며 부양을 받아야 하는 부모는 C급이다.

 요즘 젊은이들은 취업하는 시기가 늦어져서 모아둔 돈이 없다. 결혼 관련 비용이 워낙 많이 들고 집값은 천정부지로 치솟다 보니 결혼은커녕 연애도 못 하는 시대다. 부모가 결혼 비용을 지원하지 않으면 자녀에게 혼자 살라는 얘기나 다름없다.

 문제는 부모의 상황이다. 우리나라 역사 이래 부모보다 자식이 경제적으로 어려운 세대가 처음이라고 한다. 하지만 지금의 부모는 자기 부모와 자녀를 부양하면서 가정경제를 꾸리느라 자신의 노후는 준비할 생각조차 못 하고 살았다. 설사 생각했다 해도 사느라 바빠 노후 준비를 못 한 경우가 대부분이다. 자녀는 자녀대로 자기 삶을 꾸리기에 버겁다. 자신을 키우고 가르치고 경제적으로 독립할 수 있도록 전폭적으로 지원한 부모를 부양할 수 없는 게 요즘 젊은 세대가 맞닥뜨린 현실이다.

셀프 부양 선언

아들이 결혼할 시기는 다가오는데 모아둔 돈은 별로 없고 속이 바짝바짝 타들어 갔다. 어떻게 결혼시켜야 할지 막막했다. 아들이 결혼할 때 어느 정도 지원이 가능한지 물었다. 내가 나중에 받을 퇴직금까지 2억 정도 해주겠다고 말했다. 그런데 퇴직금이 연금 형태로 지급되는 바람에 그조차 해줄 수 없게 됐다.

우리 부부는 결혼할 때 양가에서 1원도 지원받지 못했다. 결혼할 때 부모가 집을 사주거나 전세금을 대주고, 집을 늘려서 이사할 때 지원받은 지인을 보면 은근히 부러웠다. 나중에 아들이 장가갈 때 보금자리는 마련해줘야겠다는 마음이 있었다. 출발은 불리했지만 맞벌이하면서 열심히 살아온 덕에 아들 미국 유학 보내고, 서울에 소형 아파트 한 채 사서 결혼시킬 재정적 여력은 있었다. 세상일 아무도 모른다고, 정작 아들이 결혼해야 할 나이에 재정 위기가 생겨 발목을 잡히다니.

A급 부모가 되고 싶었지만, 도저히 불가능했다. C급 부모가 아니면 다행이다 싶어 자식에게 짐이 되지는 말아야겠다는 생각으로 노후 셀프 부양 조건을 만들고, 건강을 챙기는 일에 집중하기로 했다.

아들의 결혼 이야기가 나오니 여러 가지로 신경이 쓰였다. 다행히 아들은 직장이 대전이어서 일부 보태준 자금과 대출로 집을 마련했다. 미안함에 아들 내외에게 셀프 부양을 선언하고 B급 부모가 되기로 했다. "결혼할 때 풍족하게 지원하고 싶었는데 못 해줘서 미안하다. 앞으로 너희에게 손 내미는 일은 없을 테니 우리 걱정하지 말고 둘이 합심해서 지혜롭게 살아라."

자녀를 키우면서 한 번도 등급을 매겨본 적 없는데, 공들여 키우고도 부모의 경제력으로 등급을 나누는 현실이 서글펐다. 허투루 살지 않았으니 A급 부모가 못 돼도 상관없다. 세상 어느 부모가 C급이 되고 싶겠는가.

당당하게
B급 부모가 되자

"자식을 불행하게 하는 가장 확실한 방법은 언제나 무엇이든지 손에 넣을 수 있게 해주는 일이다." 철학자 장 자크 루소가 한 말이 B급 부모를 선언한 내게 위안이 됐다. 자녀를 전폭적으로 지원할 여건이 돼도 자중해야 하고, 지원하더라도 자신의 노후 생활을 해치지 않는 선에서 해야 한다. 자녀를 지원하느라 지출이 커져서 노후 준비를 못 하거나, 노후 준비를 계획적으로 잘했어도 차질을 빚는 자녀 리스크, 자녀를 지원하느라 노후가 파산한 부모도 많다고 한다. 자녀를 지원하느라 자신의 노후가 힘든 것은 둘째고, 자녀에게 짐이 될 수도 있다.

자녀는 성인이 되면 부모에게서 신체적·정서적·경제적으로 독립해야 한다. 부모는 자녀가 어릴 때부터 경제적 독립을 가르치고, 자녀는 자신이 경제적으로 독립해야 부모의 노후가 안전하다는 걸 알아야 한다. 자녀는 부모가 B급이라고 섭섭해하기 전에 자신이 부모를 부양할 책임이 줄었다는 점에 오히려 감사해야 한다.

셀프 부양 시대다. 부모와 자녀가 윈윈 하는 B급 부모가 되자. 수명은 늘고 출생률이 떨어지니, 자녀 세대가 부모를 부양할 책임이 그만큼 증가한다. 자녀에게 힘이 되는 것도 중요하지만, 부모를 부양할 의무를 덜어주는 것이야말로 부모 세대가 자녀 세대에게 해줄 수 있는 최고의 선물이다.

당당하게 B급 부모가 되자.

언제까지 어깨춤을 추게 할 거야

"자신을 완성하려면 정신적으로는 물론,
다른 사람과 관계도 잘 맺어야 한다.
다른 사람들과 교제하지 않거나,
영향을 주고받지 않고는
자신을 살찌울 수 없기 때문이다."

_ 레프 톨스토이

언제쯤이면 관계에 대해 고민하지 않을까?

내가 은퇴하기 한 달 전쯤, P 팀장이 묻는다. "이사님은 어떻게 직장 생활을 40년이나 하셨어요? 언제쯤이면 관계에 대해 고민하지 않을까요?" 팀원일 때는 맡은 일 지장 없이 처리하고 상사를 잘 뒷받침하면 됐는데, 팀장이 되고 나니 저마다 색깔이 다른 팀원들 업무 분담과 협력 관계에서 오는 갈등이 많아 조정자 역할을 하느라 고민이 많다고 한다.

사람은 사회적 동물이다. 작게는 가족부터 학교와 직장, 사회에서 다양한 사람과 관계 속에 살아간다. 알프레트 아들러에 따르면 사람은 지구상에 태어난 이상 직업(일), 친구, 이

성이라는 끈을 가지고 관련된 영역에서 관계를 맺으며 살아간다. 직장, 사회, 가정 내 여러 관계에서 협력과 갈등이 존재하고, 세 곳에서 벌어지는 인간관계에 따라 행불행과 삶의 만족도가 달라진다. 일로 대표되는 직업은 경제적인 수익 창출을 통해 사람이 독립적으로 살아가도록 하는 원천이며, 자신을 표현하고 자아를 실현하는 데 중요한 역할을 한다. 직장에서 관계가 중요한 이유다.

P 팀장의 말을 듣고 내 직장 생활 40년을 돌아봤다. 정말 다양한 사람을 만났다. 나를 인정하고 지지하는 상사와 동료도 있었고, 남성 중심 조직에서 다섯 명 몫을 해낸다고 칭찬하는 상사를 만나 으쓱하기도 했다. 반면 리더십이 부족하다는 평가를 받고 자존감이 낮아진 적도 있다. 직장에서 만나는 사람들과 가족보다 많은 시간을 보낸다. 이들과 관계가 불편하면 얼마나 힘들까?

나는 불편함이나 갈등을 싫어한다. 웬만하면 갈등이 일어나는 상황을 아예 만들지 않으려고 하지만, 어쩔 수 없는 갈등 관계가 있다. 그런 경우 갈등을 풀려고 노력한다. 대부분 풀리지만 안 풀리기도 한다. 노력해도 안 되는 경우, 마음이 불편하나 내 노력은 거기까지로 생각하고 숙제 목록에서 지워버린다. 모든 사람과 좋은 관계를 유지할 수 없고 그럴 필요도 없으니까.

가장 무서운
지옥에서도 견디는 힘

직장에서 힘든 일은 업무보다 관계에서 비롯한 문제일 때가 많다. 업무로 만난 사람이라도 인간적 소통이 안 되면 일을 진행하기 어렵고 힘들다.

'세상에서 가장 무서운 지옥은 견딜 만한 지옥'이라는 말을 들어본 적이 있는가? 《부의 통찰》에 나오는 말인데 아들이 캡처해서 보내줬다. 꼭 견딜 만큼 힘들어서 탈출할 생각을 못 하게 만드는 상황이 가장 무서운 지옥이라는 뜻이다. 견딜 수 없이 힘들다면 벌써 탈출했을 거라는 역설이다.

이 문구를 읽는 순간, 두 가지 생각이 스쳤다. 하나는 아들이 지금 회사를 그만두고 싶을 만큼 힘든가? 다른 하나는 내 직장 생활 40년도 어느 때는 견딜 만한 지옥이었구나 하는 생각이다. 아들이 그럴까 봐 더 걱정이었지만, 아들의 몫이니 모른 척 넘어갔다. 직장인이라면 누구나 가슴속에 사표를 품고 출근할 상황이나 일은 있을 테니.

'회사 보고 들어왔다가 상사 보고 나간다'는 말이 있다. 하루 여덟 시간을 보내는 직장인데, 사람과 관계가 힘들면 지옥이 따로 없다. 인복이 많아 40년 직장 생활을 비교적 편하게 한 나는 직장 내 인간관계에서 두 가지를 깨달았다. 상처를 주는 것도 낫게 하는 것도 사람이라는 점, 일방적인 관계는 없다는 점이다.

집안 문제로 어떻게 보냈는지 기억이 없고, 회사에서 스트레스도 많던 해의 일이다. 직원들과 한 해 업무를 마무리하는 자리에서 이야기를 마칠 무렵, K 직원이 조촐하게 시상식을 하겠다고 했다. 상품은 없지만 나름대로 콘셉트를 잡고 상장을 만들어 온 것이다. 나는 '언제까지 어깨춤을 추게 할 거야' 상을 받았다. 직원들을 전폭적으로 믿고 신바람 나게 일할 수 있는 분위기를 조성했다는 내용이었다. 내가 받은 어떤 상보다 값진 상이었다. '존재만으로 힘이 되고 위로가 되는 사람'이라며 나를 인정하고, 내게 큰 힘이 되고 위로를 건네는 동료들이 늘 곁에 있었다.

직장 생활 40년이 어찌 늘 즐겁기만 했겠는가. 가끔은 견딜 만한 지옥일 때도 있었다. 지옥 같은 상황에서 견디게 하는 것도, 다시 즐거운 직장 생활을 가능하게 하는 것도 언제나 내 편인 동료다.

50대의 인간관계가
80대 건강과 행복에 영향

지금 직장 동료와 내 관계는 어떤가? 양질의 사회적 관계는 건강과 행복, 삶의 만족도에 중요한 요소다. 특히 50대의 좋은 인간관계는 80대의 건강과 행복에 영향을 미친다고 한다. 로버트 월딩거와 마크 슐츠 교수는 하버드대학교에서 85년간

'좋은 인생'의 비결을 연구해온 결과를 《세상에서 가장 긴 행복 탐구 보고서The Good Life》로 펴냈다. 연구에 따르면 건강하고 행복한 삶을 만드는 결정적인 요인은 재산이나 명예, 학벌이 아니라 '사람과 따뜻한 관계'다. "인간관계가 좋은 사람은 좋지 않은 사람보다 수명이 7년 길고, 행복한 삶을 유지"했으며, "50대에 인간관계에 만족하는 사람은 80대에 건강하다"고 한다. '좋은 인생'의 비결을 밝혀낸 방대한 과학적 연구의 메시지는 요약하면 다음과 같다.

첫째, 따뜻하고 의지할 수 있는 인간관계가 중요하다. 행복을 정하는 결정적 요인은 부도, 명예도, 학벌도 아니다. 경제적 안정은 행복의 중요한 조건이지만, 근본적인 비결은 될 수 없다. 아끼는 사람과 좋아하는 활동을 하는 것이 행복에 더 중요하다. 행복하고 건강한 노년은 많은 친구나 사회적 연결보다 따뜻하고 의지할 수 있는 '질적인' 인간관계에 달렸다.

둘째, 돈이나 명예보다 친밀한 인간관계가 중요하다. '의지할 만한 관계'가 행복뿐 아니라 신체적 건강까지 영향을 미친다는 사실이 놀랍다. 50대에 인간관계에 만족하는 사람이 80대에 가장 건강했다. 50대의 콜레스테롤 수치도 70~80대 건강에 크게 영향을 미치진 않는 것으로 나타났다. 그러나 외로움과 고립은 술이나 담배만큼 건강에 해롭다. 사회적으로 고립된 중년은 코르티솔을 비롯한 스트레스 호르몬과 염증 수치가 높고, 뇌 기능은 떨어졌다. 사람들과 관계를 맺으면 스트레스를 통제할 힘이 생기고, 몸도 건강해진다.

셋째, 가족과 친구에게 쓰는 시간이 최고의 투자다. 인간관계는 몸과 마음에 강력한 영향을 준다. 좋은 관계는 주어지는 것이 아니다. 건강을 위해 정기적으로 헬스클럽에 가듯 관계도 꾸준히 관리해야 한다. 좋은 관계를 위해 시간과 에너지를 투자해야 한다. 소중한 가족과 친구에게 지속적인 관심과 노력이 필요하다. 자주 연락하고 만나라. 먼저 연락하고 안부를 물어라.

85년에 걸친 연구 중 가장 행복한 사람은 직장 동료를 놀이 친구로 바꿀 수 있는 사람이었다고 한다. 내 삶에서 50대는 가장 어려운 시기였지만 주변에 좋은 사람이 많아 잘 이겨냈고, 놀이 친구로 바뀐 직장 동료도 몇 명 있다.

누구나 건강하고 행복한 노후를 원한다. 그렇다면 50대 자신의 인간관계를 점검하고, 좋은 인간관계가 되도록 꾸준히 관리하자. 직장 동료를 놀이 친구로 바꿔보자. 가장 쉬운 방법은 동료에게 먼저 다가가고 놀이 친구가 되는 것이다.

오십의 친구, 양보다 질이다

"친구는 나의 기쁨을 두 배로 만들고,
슬픔을 절반으로 줄인다."

_ 키케로

오십의 친구,
양보다 질을 생각해야 할 때

50대에 겪는 변화 중 인간관계의 변화가 있다. 가장 급격한 변화는 직장을 떠나면서 생기는 동료와 관계다. 회사에서 맺은 인간관계는 대부분 퇴직과 함께 축소되거나 단절된다. 예상은 했지만 빨라도 너무 빠른 관계 단절로 외로움을 토로하는 사람이 많다. 인간관계의 중심이 직장에서 가정과 이웃으로 바뀌는 '관계의 변혁'에 직면한다.

"퇴직하고 보니 갈 데도 없고 만날 사람도 줄었어요."

"계속 연락하고 챙길 것 같던 동료들도 언제 그랬냐는 듯이 연락이 뚝 끊겨요."

"주머니 사정 때문에 사람 만나기도 부담스러워요."

자녀가 둥지를 떠나고 자신도 회사에서 물러날 시기가 되면서 옛 친구들과 교류가 활발해진다. 생애 주기가 서로 비슷하다 보니 생활 정보를 얻는 원천이 되고, 스트레스 해소 창구도 되고, 어려운 일이 있을 때 아낌없이 위로와 격려를 보내는 친구들이다.

친구는 많아야 좋을까? 영국의 문화인류학자이자 옥스퍼드대학교 명예교수 로빈 던바는 "아무리 친화력이 뛰어난 사람이라도 진정으로 사회적 관계를 맺을 수 있는 최대 인원은 150명"이라고 한다. 그가 연구한 바에 따르면 SNS에서 친구가 1000명이 넘는다고 해도 정기적으로 연락하는 사람은 약 150명이고, 의미 있는 인간관계를 유지할 수 있는 사람은 20명이 되지 않는다. 얼마나 많은 친구가 있느냐보다 믿고 의지할 만한 사람인지, 즉 친구의 수보다 관계의 질이 중요하다고 한다.

외로움 해소에
최고인 친구

인간관계는 나이 들수록 축소되고 가족 중심으로 변한다. 직장을 떠나면서 인간관계의 변화로 느끼는 고독, 자녀가 독립하면서 겪는 빈둥지증후군, 부부가 많은 시간을 함께하는 데서 비롯된 갈등, 가까운 친구의 죽음 등 다양한 이유로 외로움이 커진다.

외로움은 빈곤, 질병과 함께 노년에 겪는 3대 어려움으로, 사회문제가 되고 있다. 외로움은 비단 노년의 문제가 아니다. 1인 가구가 증가함에 따라 나이와 관계없이 외로움을 호소하는 사람도 많아, 개인의 외로움을 사회 차원에서 관리하는 움직임이 일어나고 있다.

2018년 한국임상심리학회가 발표한 '대한민국 고독 지수'는 100점 가운데 78점에 달했다. 심리학자들은 '고독함이 정신적 문제나 사회문제와 어느 정도 관계가 있다고 생각하는가?'라는 질문에 83점으로 응답하면서 우울증, 자살, 고독사, 일중독, 악성 댓글, 혐오 범죄 등을 고독감으로 발생하는 사회문제로 꼽았다. 전문가들은 "한국인의 외로움이 다른 국가와 비교해서 심각한 수준"이라며, 개인주의 심화(62.1%)와 계층 간 대립 심화(54.6%), 경제 불황 장기화(48.3%)를 주원인으로 들었다.

새로운 사회적 질병인 외로움은 공허함과 고독감을 키우고, 특히 개인이 타인과 교류하는 과정에서 생기는 '관계재' 획득을 어렵게 만든다. 관계라는 특성상 혼자서는 생산이나 소비가 불가능하다. 삶의 행복감을 좌우하는 관계재가 부족하면 삶의 만족감이 떨어질 수밖에 없다.

세계적으로 외로움이 불러오는 사회문제가 불거지고 사회적 해결 비용이 커지면서 외로움은 개인적인 문제가 아니라는 인식이 늘고 있다. 영국은 외로움을 국가적 문제로 인식하고, 2018년 1월에 고독부 장관Minister for Loneliness을 신설했다. 테레사 메이 총리가 "외로움은 우리 시대 건강의 커다란 적이자 질병"이라고 선언하면서 외로움 대응 전략을 발표했다. 국민의 외로움 문제를 국가가 관리하고 해결하려는 세계 최초의 종합 대책이다.

외로움은 하루에 담배 15개비를 피우는 것만큼 건강에 해로우며, 의료비 증가를 비롯해 커다란 사회적 비용 손실을 유발한다고 한다. 미국정신의학협회는 외로움과 사회적 고립이 대다수 만성질환의 원인인 비만보다 공중 보건에 큰 위협이 될 수 있으며, 그 영향이 앞으로 점점 커질 거라고 경고했다. 개인이 관리하던 외로움을 '외로움 전염병loneliness epidemic'으로 심각하게 받아들여 국가 차원에서 관리하기 시작한 것이다.

외로움을 해소하려면 사람들이 만나고 교류할 장을 늘리는 것이 중요하다. 외로움을 해소하는 데 친구만 한 존재는 없다. 오프라 윈프리는 "진정한 친구는 언제나 당신의 좋은 일과 어려움을 함께 겪으며, 당신을 지원하고 격려하는 사람"이라고 했다. 진정한 친구 한 명이 그렇고 그런 친구 100명보다 낫다. 친구 관계를 가치 있게 여기고, 더 깊은 우정을 형성하고 유지하는 노력이 필요하다.

후반생을 활기차게 해줄 친구가 얼마나 있는가? 친구를 얻는 유일한 방법은 내가 친구가 되는 것이다. "우정은 산속의 오솔길과 같아서 자주 왕래하지 않으면 잡초가 무성해져 길이 없어진다." 셰익스피어의 비극 《맥베스》에서 맥더프가 맥베스에게 우정이 소외되면 친구 사이의 연결이 끊어져 적으로 변한다는 의미로 외친 말이다. 잡초가 무성해져 오솔길이 없어지지 않도록 먼저 전화하고 연락하자.

4.

은퇴를
설레게 하는
연금이
필요해요

졸지 마라, 노후 자금

행복한 노후를 보장하는 5가지 연금

은퇴에 필요한 소득 통장

자산 수명을 늘려라

소득 크레바스를 건너는 3가지 방법

졸지 마라, 노후 자금

"재물은 생활을 위한 방편일 뿐,
그 자체가 목적이 될 순 없다."
_ 이마누엘 칸트

빠를수록 좋은 노후 준비

노후 준비는 언제 시작하는 것이 가장 좋을까? '빠를수록 좋다'가 정답이다. 노후 준비는 생애 설계의 과정에 포함해 직장 생활을 시작하는 순간부터 하는 것이 가장 좋다. 하지만 직장 생활할 때는 마냥 일할 수 있을 것 같고 원하는 만큼 돈을 벌 수 있을 듯 자신감이 넘쳐 노후 준비에 눈을 돌리지 않거나, 생애 주기상 자녀 교육과 내 집 마련 등 돈 들어갈 곳이 많아서 미처 신경 쓰지 못한다.

현실적으로 어려우면 늦어도 은퇴 10년 전에는 노후에 대한 그림을 그리고 준비를 시작할 필요가 있다. 노후 준비라고 하면 대부분 재정적인 문제로 접근한다. 그러나 100세 시대 노후 준비는 다시 한번 직업을 갖고 살아야 한다는 관점에서 일, 관계, 재정, 건강 등 전 영역에 걸쳐 설계해야 한다. 오래 일해야 하는 시대적인 변화 앞에서 은퇴 후 삶을 구체적으로 상상하자. 언제 어디서 무슨 일을 하며 어떤 모습으로 살지, 노후 자금은 어느 정도 필요하고 얼마나 마련했는지, 은퇴는 어느 시점에 할지, 은퇴 전에 어떤 준비를 해야 하는지 종합적으로 점검하자.

특히 재정적인 면에서 노후 준비는 긴 시간 모으고 투자해서 불려야 하므로 기간이 중요하다. 은퇴 전 1~2년은 너무 촉박하다. 10년이 아니라면 5년 전, 늦어도 3년 전에는 재점검하고 준비해야 한다. 노후 준비에 가장 필요한 것은 시간이다. 나도 은퇴가 임박한 시기에 가정경제가 휘청거린 점이 가장 아쉬웠다. 좀 빨리 겪었다면 수습하고 만회할 시간이 충분했을 텐데, 물러나야 할 시기에 경제적 타격을 받으니 속수무책이었다. 늦었다고 무방비 상태로 있어선 안 된다.

노후 자금, 얼마나 필요한가?

일반적으로 50대는 급여와 재산이 가장 많은 안정적인 시기다. 자녀 교육을 마치고 본격적으로 노후 준비를 생각하는 시기이기도 하다. 그러나 우리나라 직장인의 평균 은퇴 연령은 52세 정도다. 이제 노후 준비를 하려는 사람은 은퇴에 대한 압박과 함께 미래를 생각하면 지은 죄도 없이 가슴이 벌렁벌렁하고, 실체를 알 수 없는 불안이 끊이지 않는다. 막연한 불안에 떨지 말고 노후 준비 계획을 구체적으로 수립하자. 가장 먼저 할 일은 노후 자금 점검이다.

노후 준비 교육에서 가장 먼저 거론하는 것이 노후 자금이다. 가정마다 소득과 소비 패턴이 달라 일률적으로 얼마가 필요하다고 말할 순 없다. 2023년 국민연금공단이 발표한 자료에 따르면, 부부 기준 생활비 월 277만 원이 필요하다고 한다. 《2023 가계금융복지조사 보고서》는 은퇴 부부의 최소 생활비 월 231만 원, 적정 생활비는 324만 원이라고 밝혔다. KB금융지주경영연구소가 발간한 《2023 KB골든라이프 보고서》는 부부 기준 최소 생활비 월 251만 원, 적정 생활비로 369만 원을 제시했다. 생활비를 월 300만 원으로 잡고 65세 이후 30년 정도 산다고 가정하면, 의료비와 긴급 자금 등을 제외하고 약 10억 원이 필요하다.

경제적 자유를 위해 40대 초반 조기 은퇴를 목표로 하는 파이어Financial Independence+Retire Early, FIRE족이 참고하는 재테크 법칙 중 '25배 법칙'이 있다. 노후에 필요한 자금으로 1년 치 생활비의 25배를 모으는 것으로, 미국 트리니티대학교 경제학과 교수들이 논문에서 인용한 내용이다. 1년간 생활비 4000만 원이 필요하다면 10억 원(4000만 원×25년)을 모으라는 얘기다. 노후가 길어졌으니 30배 법칙으로 바꿔야 할지 모른다. 노후 자금이 10억쯤 필요하다는 건 알겠으나, 그동안 자녀 교육과 결혼, 집 마련 등을 위해 지출했는데 그 큰돈을 어떻게 마련하느냐는 사람이 많다. 맞는 말이다. 자산가를 제외하고 현금성 자산 10억 원을 손에 쥔 사람은 거의 없다.

다행히 국민연금과 퇴직연금 같은 연금제도가 있다. 은퇴한 뒤 일하지 않아도 매월 현금 소득이 발생할 원천이 있으니 현금성 자산 10억 원이 없어도 된다. 지레 겁먹지 말고 가계 재무 상태표를 만들자. 재무 상태표와 현금 흐름표를 작성하면 무엇을 더하고 덜해야 할지 보인다.

생활비는 얼마나 필요할지, 국민연금과 퇴직연금 등 현금 소득이 얼마나 되는지 계산하면 노후 가계 자금 수지표 작성이 가능하다. 소득이 지출보다 많으면 좋겠지만 반대 경우가 대부분이다. 소득이 지출보다 적다면 주택 연금을 활용하거나, 추가적인 소득 창출로 가계 자금 수지 균형을 맞춘다.

노후 자금 점검하기

원하는 노후 생활을 위해 가계 재무 상태표를 작성한 다음, 자신의 노후 자금을 점검하자. 나는 다음과 같이 노후 자금을 점검했다.

1단계_ 노후 필요 생활비 예상

가장 먼저 은퇴 후 연령대별 생활비를 예상했다. 95세까지 산다는 가정 아래 은퇴 시점 생활비 월 400만 원 기준, 70세까지 같은 생활비를 적용하고 70대는 70%, 80대는 50%를 적용해 산출했다. 25배 법칙이나 전문가가 예상하는 금액(10억 원)을 약간 초과하는 수준이 나왔다.

나의 은퇴 후 기간별 생활비(예상)

	1기(64~70세)	2기(71~80세)	3기(81세~)
노후 기간(년)	7	10	15
조정 비율(%)	100	70	50
월 생활비	4,000,000	2,800,000	2,000,000
기간 중 생활비	336,000,000	336,000,000	360,000,000
합계	1,032,000,000		

2단계_ 은퇴 후 수입 예상

다음으로 은퇴 후 현금 흐름을 창출할 수 있는 수입을 계산했다. 나와 남편의 국민연금 2024년 기준 월 수급액 364만 원, 퇴직연금과 개인연금 불입액, 은퇴 후 70세까지 부부의 활동 수입을 기초로 산출했다.

국민연금은 해마다 물가 상승률만큼 인상되지만, 노후 필요 생활비 계산 시 물가 상승률을 반영하지 않았으므로 동일 기준으로 적용했다. 퇴직연금은 5년간 연 1만 원, 이후 28년 동안 매월 50만 원 수령, 개인연금은 70세 되는 해부터 15년간 매월 50만 원을 수령하는 것으로 계산했다. 우리 부부의 일을 통한 수입은 70세까지 200만 원으로 잡아 수입 예상액을 산출했다.

나의 은퇴 후 연령대별 수입(예상)

	1기(64~70세)	2기(71~80세)	3기(81세~)
노후 기간(년)	7	10	15
월수입	5,932,800	5,190,000	4,296,000
기간 중 수입	498,360,000	622,800,000	773,280,000
총수입		1,894,440,000	

은퇴 후 수입은 두 차례에 걸친 연금 리모델링, 퇴직금이 퇴직연금으로 변경, 재정 문제 정비 후 최근 4년간 부은 개인연금과 IRP, 주식 투자 등으로 현금 흐름이 개선된 결과다.

3단계_ 은퇴 후 생활비 부족분 대책 세우기

다행히 우리 부부는 직장 생활을 오래 해서 국민연금이 효자 노릇을 톡톡히 하고 있다. 직장 생활을 하든, 자영업을 하든 적어도 50대에 노후 필요 자금과 수입 예상 금액을 산출하고 부족한 부분은 각자 상황에서 대책을 마련해 차근차근 실천해야 한다.

노후 자금 10억 준비, 쫄지 마라

전문가들은 100세까지 살려면 적어도 현금 10억 원을 보유해야 편안한 노후가 보장된다고 말한다. 내가 95세 기준으로 계산한 결과도 노후 생활비가 10억 정도 필요한 것으로 나왔다. 여기서 현금 10억 원을 예금성 자산으로 보유한다는 점에 주눅 들기 쉬운데 쫄지 마라. 연금이 없다면 현금 10억 원이 필요하겠지만, 우리에겐 자녀보다 효자 노릇을 하는 연금이 있다. 매월 25일 0시가 지나면서 들어오는 연금, 어떤 효자도 내 통장에 35년간 월급 200만 원을 꽂아주긴 어렵다. 연금은 일해온 날에 대한 보상이자 선물이다.

　50대 중반 넘어 복구할 수 없을 듯한 재정 손실이 있었다. 그 큰 여파에도 40년 직장 생활에 과감히 은퇴를 선언한 것은 1988년부터 작성한 가계부, 2004년부터 점검한 재무 상태표와 현금 흐름표를 기반으로 내린 선택이다. 무엇보다 연금 맞벌이의 공이 크다. 노후 자금 10억 원을 어떻게 마련하느냐는 막연한 두려움에 빠지지 말고, 노후 필요 자금과 준비 자금 상황을 정리하자. 위의 과정에 따라 자기 상황에 맞게 시뮬레이션하면 좀 더 현실적인 노후 자금 설계와 대비가 충분히 가능하다. 노후 자금 10억 준비, 이제 쫄지 마라.

행복한 노후를 보장하는 5가지 연금

"쓰고 남은 것을 저축하지 말고
저축하고 남은 것을 써라."

_ 워런 버핏

돈 버는 기간 30년, 돈 쓰는 기간 70년

평균수명이 늘면서 노년이 길어지고 있다. 아무 대비 없이 노년을 맞이하면 행복한 노후를 기대하기 어렵다. 노년에는 젊은 시절에 벌어둔 돈이나 연금, 일부 소득 활동으로 생활해야 한다. 젊은 시절 돈 버는 기간(30년)에 노후를 대비해야 하는데, 자녀 교육이나 내 집 마련 등 당장 지출할 일이 많은 현실에서 먼 미래를 위해 일부 소득을 떼어 노후를 대비하기가 생각만큼 쉽지 않다는 게 문제다.

노년이 30~40년 길어졌다는 것은 돈 버는 기간 30년, 돈을 쓰는 기간 70년으로 생각하고 생애 계획을 세워야 한다는 뜻이다. 부모에게 지원받는 초반 25~30년을 제외하고 독립적인 삶의 주체로서 70년을 편안히 살기 위한 대비는 계획을 세워 진행해야 한다. 30대 사회 초년생이든, 퇴직을 앞둔 50대 예비 은퇴자든 100세를 기준으로 여생에 대한 설계도를 그려야 한다. 대다수 사람은 계획이 없으면 눈앞에 벌어진 일을 해결하느라 미래는 보이지 않고, 준비도 안 하게 마련이다. 준비가 없으면 비참한 노후를 보내리라는 것은 불 보듯 뻔하다. 자기 상황과 연령대에 맞는 노후 준비가 필요하다.

노후 준비 출발은 연금으로

노후 준비와 관련해 가장 먼저 할 일은 무엇일까? 바로 경제적인 대비다. 노후에 안정적으로 살아갈 수 있는 구조를 어떻게 마련할까?

우리나라 사람들은 노후 준비 수단으로 부동산을 첫손에 꼽는다. 부동산이 자산의 78%를 차지할 정도다. 그러나 노후는 부동산이나 목돈 형태 자산이 아니라 연금으로 준비해야 한다. 연금이 얼마나 강력한 노후 준비 수단인지는 주변에 교사나 공무원 등 연금 소득만으로 편안히 살아가는 이들을 보면 알 수 있다.

지인 중에 교사가 많은데, 그들은 자산이 적어도 연금 소득으로 퇴직 이후의 생활이 비교적 여유롭다. 부부가 교장으로 퇴직하고 연금 수급액이 월 750만 원에 가까운 분을 만난 적이 있다. 아들이 일도 안 하면서 자신이 열심히 일하고 받는 급여보다 훨씬 많은 연금을 받는 부모님이 부럽다며 용돈을 줘야 하는 것 아니냐고 하더란다. 뭐라고 답했을까? "너희 교육하며 35년 알뜰하게 산 보상이다. 우리가 알아서 잘 쓸 테니 군침 흘리지 마라." 할 말 없는 아들이 실망하는 눈치였다고 한다. 앞으로 많아지겠지만, 정년까지 맞벌이하고 이후 연금 맞벌이하는 경우는 아직 극소수 이야기다.

   길어진 노년을 편안하게 살아가려면 연금을 잘 대비해야 한다. 나만 해도 연금 리모델링으로 은퇴 후 직업적 사치를 부릴 수 있게 됐다. 공무원이나 교사처럼 연금 귀족이 아닌 일반 직장인도 연금 구조를 이해하고 대비하면 편안한 노후를 누릴 수 있다.

행복한 노후를 보장하는
5가지 연금

노후 준비의 핵심은 연금으로, 노후 생활의 안전핀 역할을 한다. 다섯 가지 연금제도를 잘 이해하고 활용하면 경제적 준비는 80~90% 마친 것과 다름없다. 자신에 맞는 연금제도를 똑똑하게 설계할 필요가 있다.

1. 기초연금

기초연금은 65세 이상 인구의 자산과 소득을 기준으로 순위를 매겨 하위 70% 가구에 국가가 세금으로 지급하는 연금이다. 공무원연금, 사립학교교직원연금, 군인연금, 별정우체국연금 수급권자와 그 배우자는 원칙적으로 기초연금 수급 대상에서 제외된다.

2024년 기준 단독 가구 최대 33만 4000원, 부부 가구 최대 53만 4000원(부부가 각각 받는 경우 20% 제외), 부부 합하면 연간 소득 약 640만 원이 발생한다. 기초연금은 가입하는 것이 아니고, 65세가 되는 해 생일이 속한 달의 한 달 전부터 신청하면 생일이 속한 달부터 받을 수 있다. 기초연금은 신청해야 받을 수 있고, 자격 심사 후 대상자에게 지급한다. 전국 읍·면·동 행정복지센터나 국민연금공단지사, 보건복지부가 운영하는 '복지로(www.bokjiro.go.kr)'에서 신청한다.

2. 공적연금

공적연금에는 국민연금, 공무원연금, 군인연금, 사립학교교직원연금이 있다. 교사나 군인 등 특수 직종에 종사하는 사람 외에 일반인은 국민연금으로 가입하면 된다. 국민연금을 중심으로 살펴보자.

국민연금은 최소 가입 기간 10년을 채우면 65세부터 수령 가능한 공적연금으로, 가입 금액보다 가입 기간이 중요하다. 가입 기간이 길수록, 적립금이 클수록 65세 이후 더 많은 연금을 받는다. 국민연금은 직장에 다니지 않아도 18세부터 가입할 수 있다. 이런 정보를 모르는 사람은 5~10년을 버리는 셈이니, 정보도 경쟁력이라는 사실을 새삼 깨닫는다. 18세부터 가입할 경우, 고등학생 당사자가 하기 어려우므로 부모가 신경 써서 챙겨야 한다.

국민연금은 반납과 추가 납부, 연기 등 제도를 알고 잘 활용하면 연금 수급액을 늘릴 수 있다. 나는 첫 직장 퇴사 후 일시금으로 받은 국민연금을 반납하고, 추가로 낼 기간이 있어 2년 더 납부했다. 연금 수급 시기가 됐을 때 재직 중이라 연기했다가 퇴직 4개월 전부터 받기 시작했다. 연기할 경우 연금 수급액이 연 7.2%씩 증액된다. 예상 연금 수급액이 적고 국민연금 가입 기간 중 반납과 추가 납부 등을 활용할 수 있는 여건이라면 공단에 상담할 것을 권한다.

국민연금 지급 개시 연도에 연금을 받거나 일정 소득이 있어 연금 수령을 연기할 수도 있지만, 우리나라 일자리 구조상 정년까지 일자리를 유지하기는 어렵다. 은퇴 후 국민연금 지급 개시까지 소득 공백이 발생할 수 있다. 소득 공백 기간에 생활비가 부족하면 연금을 조기 수령하는 방법도 있다. 국민연금은 가입 기간이 10년 이상이고, 소득이 있는 업무에 종사하지 않는 경우 본인이 신청하면 지급 개시 연령보다 최대 5년 일찍 받을 수 있다. 일반 노령연금 수급 시기보다 5년 일찍 신청하면 기본연금액의 70%, 4년 일찍 신청하면 76%를 받는 식으로 1세 증가할 때마다 지급률이 6%씩 늘어난다.

3. 퇴직연금

퇴직연금은 퇴직금을 외부 금융기관에 예치·운용해 근로자가 퇴직할 때 일시금이나 연금 형태로 지급하는 돈이다. 2005년 12월부터 시행한 퇴직연금에는 확정급여(DB)형과 확정기여(DC)형, 개인형퇴직연금(IRP)이 있다.

DB형은 퇴직하는 시점에 목돈을 받는 전통적인 방식으로, 퇴직연금 액수가 정해져서 확정'급여'형이라 한다. 회사가 알아서 돈을 굴려주는 시스템이며, 안정성이 있는 대신 수익성은 높지 않다.

DC형은 일정 금액을 꾸준히 연금 계좌로 받는 방식이다. 회사가 내 퇴직연금에 기여하는 금액이 정해졌지만, 이를 어떻게 운용해서 불릴지는 개인의 몫이라 확정'기여'형이라 한다. 쉽게 말해 회사가 투자할 수 있는 자금을 내가 넣어준다고 보면 된다. 자신의 책임 아래 퇴직연금을 운용하는 것으로, 수익이 발생하든 손실이 발생하든 자기 몫이다.

DB형을 선택할지, DC형을 선택할지는 각자 상황과 성향에 따라 다르다. 많은 사람이 DC형을 선택하고도 퇴직연금을 운용하지 않아 2023년 12월 현재 퇴직연금 평균 수익률이 5.39% 이내로 은행 금리 수준에 그친다. 이런 점을 개선하기 위해 최근 퇴직연금을 방치하는 사람을 위한 디폴트 옵션(사전 지정 운용) 제도가 도입됐다. 퇴직연금 가입자가 일정 기간 적립금으로 금융 상품을 매수하지 않을 경우, 사전에 지정한 방법으로 적립금이 자동 운용되는 제도다. 전문가가 투자

해주는 기능으로, 자본시장의 투자 기회를 적절히 활용해 퇴직연금의 운용 수익을 끌어올리고자 하는 것이다.

IRP는 근로자가 이직하거나 조기 퇴직할 때 받은 퇴직급여를 은퇴할 때까지 보관·운용할 수 있도록 한 제도다. 퇴직 근로자는 퇴직일시금을 IRP로 이전해 퇴직소득세의 과세이연으로 실질 수급액이 증가하는 효과가 있다. IRP의 가장 큰 장점은 세액공제다. IRP에 900만 원을 납입하면 연 소득 5500만 원 이하인 근로자는 세금 16.5%(148만 5000원), 5500만 원 이상인 근로자는 13.2%(118만 8000원)를 환급받는다. 일시금으로 받으면 퇴직소득세 공제가 없고, 연금으로 받으면 퇴직소득세 30% 공제가 가능하다.

퇴직연금은 퇴직 시 안정적으로 퇴직급여를 받아 노후 생활을 누릴 수 있도록 한 제도지만, 자녀 결혼이나 사업 자금 지원, 부채 상환 등으로 퇴직연금을 일시금으로 받는 비율이 매우 높다. 퇴직연금 계좌의 연금·일시금 수령 비율을 보면, 2021년 말 기준 일시금 수령 95.7%, 연금 수령 4.3%다. 수령 방법별 계좌의 평균 잔고는 일시금 수령 계좌 1615만 원, 연금 수령 계좌 1억 8858만 원이다. 연금 선택의 결정 요인은 적립금의 크기라는 결론에 이른다.

퇴직연금에서 적립금을 늘리는 방법은 무엇일까? 여러 가지 방법이 있다.

퇴직 적립금을 최대한 늘리고, 납입 기간을 길게 하며, 중도 인출을 최소화하고, 적립금을 투자에 활용해 수익률을 높이는 것이다. 퇴직 적립금을 최대한 늘리려면 가입자의 임금 상승률이 높아야 하는데, 이는 근로자의 의지대로 되지 않는다. 다만 IRP를 활용하면 가입자의 퇴직급여보다 적립금을 늘릴 수 있다. 편안한 노후를 위해 국민연금이 부족하면 퇴직연금으로 보완하자.

4. 개인연금

국민연금과 퇴직연금으로 여유로운 노후를 즐기기에 부족할 가능성이 크다. 이때 개인연금이 부족한 부분을 채워준다. 개인이 준비하는 사적 연금 상품으로, 연금저축 펀드나 보험이 있다. 납입할 때 세액공제 혜택이 있고, 연금 수령 시 연금소득세가 상대적으로 낮은 장기 상품이다.

첫째, 연금저축

연금저축은 개인이 노후를 대비하기 위해 자발적으로 가입하는 연금이다. 회사에 다니지 않아도 누구나 가입할 수 있고, 납입액은 연 1800만 원까지다. 단 연금저축 계좌, IRP를 추가 납입하고 있다면 이를 합산해 한도가 적용된다. 최소 5년 이상 납입하면 만 55세부터 수령 가능하다. 정부에서는 연금 가입을 장려하기 위해 연금저축액에 대해 연간 600만 원 한도로 세액공제 혜택을 주고 있다. 연금저축 600만 원을 납입하는 연소득 5500만 원 이하 근로자는 세금 16.5%(99만 원), 5500만 원 이상인 근로자는 13.2%(79만 2000원)를 절약할 수 있다.

둘째, 연금보험

연금보험은 생명보험사에서 판매한다. 일정 기간 보험료를 내면 사망할 때까지 혹은 정해진 기간에 연금을 받는 생명보험 상품이다. 보험 상품이기에 질병이나 상해 위험이 보장되고, 납입액 한도가 없으며, 10년 납입 같은 조건을 충족하면 연금 수령 시 세금이 붙지 않는다. 수익률이 높지 않은 편이고, 중도 해지할 경우 손해가 발생하기에 연금을 오랫동안 꾸준히 납입할 수 있는 사람에게 적합하다. 금리에 따라 수익이 결정되는 일반연금보험, 보험료 중 일부를 펀드나 주식, 채권 등에 투자해 수익을 높이는 변액연금보험이 있다. 일반연금보험은 원금을 보장받지만, 변액연금보험은 손실을 볼 수도 있다는 점에 유의해야 한다.

5. 주택연금(농지연금)

주택은 있으나 소득이 부족한 사람을 위해 한국주택금융공사가 시행하는 연금제도로, 국가가 보증하는 역모기지론 금융상품이다. 부동산 외에 자산이 없고, 국민연금과 퇴직연금 등을 포함한 월 현금 소득이 생활 지출비를 초과해 생활하는 데 애로가 있는 경우 이용하면 비교적 안정적인 노후 생활이 가능하다.

주택이 있다고 무조건 주택연금에 가입되는 것은 아니다. 현재 본인(주택 명의자)이 만 55세 이상이며, 12억 원 이하 1주택 혹은 지방자치단체에 등록된 노인복지주택을 소유해야 한다. 2주택을 소유하거나 가액의 합이 12억 원 이하면 3년 이내에 나머지 1주택을 처분하는 조건으로 가입할 수 있다. 더 자세한 사항과 가입 문의는 한국주택금융공사에 연락하면 된다.

행복한 노후를 보장하는 다섯 가지 연금제도에 대해 알아봤다. 우리나라는 세계에서 유례가 없을 만큼 고령화가 급속히 진행돼 고령화사회에 대비할 시간이 상대적으로 부족하다. 정부가 각종 고령 사회 대책을 마련하고 있으나, 개인이 철저히 대비하지 않으면 노후에 삶의 질이 떨어질 수밖에 없다.

50대 중·후반에 재정적인 위기를 겪고도 설레는 마음으로 은퇴한 원동력은 국민연금과 퇴직연금, 퇴직 3년 전에 가입한 개인연금과 IRP 덕분이다. 연금 상품이 없었다면 노후에 필요한 생활비 10억을 어떻게 감당한단 말인가. 행복한 노후를 위한 첫 번째 준비, 하루빨리 각종 연금으로 시작하자. 출발이 늦을 뿐, 인생에 늦은 시기는 없다.

은퇴에 필요한 소득 통장

"세상에는 믿을 만한 친구가 셋 있다.
늙은 아내, 늙은 개, 현찰."

_ 존 웨슬리

노후를 책임질 소득 통장

나는 자타가 인정하는 노후 준비 전도사다. 정부는 베이비붐 세대의 퇴직이 시작된 2010년 무렵부터 퇴직자의 사회참여를 돕는 정책과 사업을 전개했다. 우연히 이 사업의 파트너로 참여하면서 퇴직자 대상 은퇴 준비 관련 강의나 멘토링을 종종 했다. 강의 중 노후에 어떻게 살고 싶은지 물으면 대부분 행복한 노후를 원한다고 답한다. 행복한 노후가 구체적으로 뭘 뜻하는지 물으면 십중팔구는 돈, 즉 경제적 안정을 첫손에 꼽는다.

누구나 꿈꾸는 경제적으로 안정되고 행복한 노후를 위해서는 화수분 같은 통장이 필요하다. 그런 통장이 있을까 싶지만, 다행히 잘 준비하고 사용하면 바닥나지 않는 '소득(연금)통장'이 있다.

나름 노후 대비를 잘한다고 했다가 50대 중반 넘어 재정적인 어려움을 겪고, 노후 자금을 날려버린 데서 오는 불안으로 잠 못 이루는 밤이 이어졌다. 2017년 어느 여름날, 고민에 뒤척이다가 막연한 불안감으로 떨지 말고 두려워도 실체를 들여다보자는 결론을 내렸다.

전문가들은 안정적인 노후를 위해 3층 구조 연금으로 대비하라고 말한다. 1층은 국민연금, 2층은 퇴직연금, 3층은 개인연금이다. 당시 나는 3층 구조는 감히 상상도 할 수 없는 상황이었다.

국민연금
월 85만 원에서 193만 원으로

내가 기댈 것은 1층 국민연금뿐이었다. 그런데 첫 직장 재직 중 납부한 국민연금은 퇴직 1년 뒤 일시금으로 받았기에, 2017년 국민연금공단에서 보낸 예상 연금 수급액이 월 85만 원밖에 되지 않았다. 남편도 국민연금이 있지만 노후 생활비로는 부족했다.

국민연금 반납 제도를 이용하면 연금 수급액이 늘어나는

데, 목돈이 없어 엄두를 못 냈다. 더 시기를 놓치면 안 될 듯싶고, 노후 자금으로 믿을 것은 국민연금이 유일해 상담이라도 받아볼 생각에 회사 근처 국민연금공단을 방문했다. 상담 직원이 1650만 원 정도 반환하면 월 수급액 기준 40여만 원이 늘어난다고 무조건 반환하라고 권유했다. 목돈이 없어 생각 좀 해보겠다니 24개월 분할 납부도 된다고 했다.

아들 학비에 내 대학원 학자금 대출 상환 등 외벌이로 빠듯했지만, 좀 더 허리띠를 졸라매거나 외부 강의를 비롯한 수입 창출 활동을 해서 반환일시금을 해결하려고 반납 신청을 했다. 처음엔 30여만 원으로 시작했는데, 점점 월 납입액이 늘어나 18개월 차부터 100만 원이 넘어서 그야말로 꾸역꾸역 납부했다. 시작이 있으면 끝도 있는 법, 2019년 8월에 반환일시금을 납부 완료했다.

이후 국민연금 가입 기간 종료 후 2년 동안 추가 납부했고, 중간에 쉬는 기간 5개월 치도 납부했다. 2022년 1월부터 연금 수령이 가능했으나, 재직 중이라 연기했다가 퇴직을 앞두고 2023년 11월부터 수령 중이다. 반납과 추가 납부, 연기를 통한 국민연금 리모델링 결과, 월 수급액이 85만 원에서 2.3배 늘어난 193만 원이 됐다. 내 노후를 책임질 첫 번째 통장인 국민연금은 일하지 않는데도 매월 25일 0시가 지나면 꼬박꼬박 입금되니 그 위력을 실감한다.

하늘은 내 편,
퇴직연금 가입

3층 구조 연금에서 2층은 퇴직연금이다. 내가 근무한 곳은 퇴직금을 일시금으로 지급하고 있었는데, 우리 기관에도 여유 자금이 생겨 2021년 12월 퇴직연금에 가입했다. 나는 DC형을 선택했다. 퇴직연금을 운용하려면 ETF, 펀드, 채권 등 공부가 필요했다. 마침 아들이 주식과 ETF에 관심을 두고 공부하던 터라 나도 동참했다. ETF 투자 포트폴리오를 몇 개 짜서 매월 일정 비율로 매입하고, 평균 매입 단가보다 주가가 내려갔을 때 추가로 매수하는 전략으로 열심히 운용했다. 퇴직 시 IRP 계좌로 현물 이전받았는데, 2년 수익률 24.2%를 달성했다. 퇴직연금 운용자 평균 수익률이 5% 선이니 운용 성과가 좋은 편이다.

가끔은 계획대로 되지 않아 이득을 볼 때도 있다. 행운이라고 해야 할까, 하늘은 내 편임이 틀림없다. 퇴직금을 아들 결혼 자금으로 주려다가 지키지 못해서 미안하지만, 노후에 생활비가 부족해서 아쉬운 소리를 하기보다 덜 보태주고 손 내밀지 않는 게 낫다고 합리화하고 있다.

퇴직연금은 국민연금을 보완할 수 있지만, 일시금으로 타거나 퇴직연금에 대한 이해 부족으로 적극적인 운용을 하지 못하는 사람이 많아 안타깝다. 자신이 속한 직장이 퇴직연금에 가입했다면 적극적으로 운용하자. 퇴직연금은 국민연금에 이어 노후를 책임질 두 번째 통장으로, 투자 성과에 따라 달라질 수 있다. 물론 운용 책임이 본인에게 있으니 손실 가능성도 고려해야 한다.

개인연금 납부로
노후를 위한 안전핀 마련

3층 구조 연금에서 3층은 개인연금이다. 국민연금과 퇴직연금으로 충분하지 않으니, 개인연금으로 노후의 안전핀을 마련한다. 그 중요성을 잘 알기에 우리 부부는 2008년부터 매월 각자 25만 원씩 총 50만 원을 6년 넘게 붓다가, 2014년에 남편이 도와달라고 해서 해지했다. 납부하면서 공제받은 세금을 해지할 때 토해내서 이래저래 마음이 좋지 않았다.

　이후 개인연금은 형편이 안 돼서 언감생심 꿈도 못 꿨다. 2021년 12월에 아들이 IRP와 연금저축을 한도까지 납부하면 세액공제도 되고 좋으니 들어두라고 해서 증권 계좌를 개설하고 연금저축 600만 원, IRP 300만 원을 붓기 시작했다. 세액공제 혜택에 퇴직연금과 마찬가지로 투자도 할 수 있어서 좋다. 해마다 118만 8000원을 세액공제 받고, 2년간 운용한 성과도 IRP 28%, 연금저축 40% 이상 수익률을 보이니 일석이조다. 내 노후를 책임질 세 번째 통장, 연금저축과 IRP는 퇴직 이후에도 여유가 생길 때마다 추가로 불입하면서 운용하고 있다. 은퇴하면서 배당주 투자를 추가로 시작해, 매월 40만 원이 넘는 배당 수익도 창출하고 있다.

3층 연금 덕분에 설레는 은퇴

2017년 국민연금 월 수급액 85만 원에 불과하던 나는 얼떨결에 3층 구조 연금을 마련하는 호사를 누렸다. 2022년 여름휴가 기간에 나의 3층 연금과 남편의 1층 연금을 계산하니, 이제 가장의 무게를 내려놓고 원하는 일을 하며 살아도 되겠다 싶었다. 경제적 자유가 확보되면 돈이 덜 돼도 즐겁고 좋아서 하는 일, 의미와 가치 있는 일을 하는 직업적 사치를 누리고 싶었는데, 내가 꿈꾸던 직업적 사치를 부려도 되겠다는 판단이 섰다. 2024년 2월 말, 드디어 꿈을 이뤘다.

다음은 남편과 내 연금 리모델링 전후를 비교한 표다.

연금	리모델링 전	리모델링 후
1층 국민연금	월 2,350,000원 (나 850,000 + 남편 1,500,000원)	월 3,640,000원 (나 1,930,000 + 남편 1,710,000원)
2층 퇴직연금	퇴직금(아들 결혼 비용) 72,500,000원	퇴직연금(내 노후 자금) 96,000,000원 운용 중
3층 개인연금 외	없음	연금저축과 IRP 56,000,000원 운용 중 ISA와 증권 계좌 50,000,000원 운용 중

이런 날을 꿈꿨지만 이렇게 빨리 올 줄은 몰랐다. 내세울 것 없는 경제적 성과지만, 50대 후반에 내게 주어진 인생 과제를 짧은 기간에 잘 풀었다고 자부한다.

설레는 마음으로 은퇴를 맞이하고 직업적 사치를 부리며 황금빛 노후를 보내고 싶다면 은퇴에 필요한 소득(연금) 통장을 점검해서 3층 구조 연금을 만들자. 소득 통장을 리모델링하고도 은퇴 후 필요한 소득이 부족하다 싶으면 오래 일할 여건을 마련하고, 다양하게 소득을 창출할 파이프라인을 만들어야 한다. 소득 통장 설계 전략을 요약하면 다음과 같다.

1. 자산과 소득 현황을 구체적으로 점검하라.
2. 노후에 필요한 생활비를 점검하라.
3. 노후 수입 구조를 점검하라.
4. 수입을 확대하기 위한 방법을 강구하라(연금, 일 등).

자산 수명을 늘려라

"돈이란 힘이고 자유며 모든 악의 근원인 동시에,
최대의 행복이 되기도 한다."

_ 칼 샌드버그

당신의 자산 수명은 충분한가?

바람직한 노후 대비는 건강 수명과 자산 수명을 충분히 준비한 것이다. 자산 수명이란 '은퇴 생활 자금이 유지되는 기간'을 말한다. 은퇴하고 나서 현역 때 모아둔 돈으로 얼마나 버틸 수 있는지 알아보는 재무 기준이다. 자산 수명이 기대 수명보다 짧으면 노후 빈곤에 빠질 위험이 크므로, 자산 수명을 늘리는 노력이 필요하다.

개인의 자산 수명을 알아볼 방법은 없을까? 자산 수명 간편 계산기를 이용하면 쉽다. 개인의 예상 노후 자금으로 몇 살까지 생활할 수 있는지 알려주는 셀프 은퇴 설계 도우미다. 노후 걱정으로 지나친 불안감에 시달리기보다 구체적인 재무 계획을 세우고 실천하면 생각보다 긍정적인 노후 준비가 가능하다.

자산 수명을 계산하려면 우선 자신의 노후 생활비 수준을 알아야 한다. 우리나라 노후 생활비, 매달 얼마나 필요할까? 생활비 수준은 개인차가 많고 사는 지역마다 달라서 일률적으로 적용하기 어렵지만, 국민연금공단 발표 자료와《2023 KB골든라이프 보고서》등을 종합하면 부부 가구 기준 최소 생활비 250만 원, 적정 생활비 370만 원 수준이다.

자산 수명
계산하는 법

'자산 수명 간편 계산기' 사이트(https://life.sellymon.com)나 'KB Pay' 애플리케이션 내 자산 수명 계산기에 현재 나이, 예상 은퇴 나이, 국민연금 예상 수급액, 금융자산, 월 생활비, 예상 투자 수익률을 입력하면 자동으로 계산된다. 오른쪽 그래프는 내 자산 수명을 계산한 결과다. 자산 수명 간편 계산기를 활용한 계산 결과도 엑셀 시트를 이용해 수작업으로 계산한 결과와 비슷하다. 복잡하게 엑셀 시트를 만들어 계산하지 않아도 자신의 자산 수명을 쉽게 예상할 수 있다.

자산수명 계산 결과

고객님의 자산수명은 100세 이상으로 노후 준비가 충분합니다.
행복한 노후를 보내세요.

*64세 평균수명 남성 84세, 여성 88세 (2021년 기준)

자산수명 기대수명 한 눈에 비교하기 👀

은퇴 후 매달 400만원씩 써도 노후자금이 부족하지 않습니다.

자산 수명
줄이는 위험

50대부터 노후 자산 수명을 적극적으로 늘려야 한다. 자산 수명을 늘리는 이유는 편안한 노후 생활을 위해서다. 자산 수명 늘리기도 중요하지만, 자산 수명을 줄이는 위험을 알고 대비하기도 상당히 중요하다. 자산 수명을 갉아먹는 두 가지 위험에 대비하라.

1. 의료비 대비

자산 수명 간편 계산기는 최악의 시나리오나 변화 상황까지 반영해서 계산하지 않는다. 특히 질병에 걸릴 상황을 고려해야 하니 자산 수명이 100세 이상으로 나왔다고 안심해선 안 된다. 우리나라 건강보험료는 65세 이상 인구가 43.4%를 사용할 만큼 나이 들면 병치레가 많아진다. 자산 수명 계산 시 데이터를 너무 낙관적으로 추정하지 않았는지 따져보고, 다소 보수적으로 적용해서 추정할 필요가 있다.

의료비는 실손 보험이나 저축으로 대비하는 게 좋다. 간혹 '난 실손 보험이 있으니 괜찮아'라고 생각하는 사람도 있지만, 오래전에 가입한 보험은 만기가 70~80세로 짧아 정작 필요할 때 무용지물일 수 있다. 자신이 가입한 보험의 만기를 확인하자. 나도 100세 시대가 이렇게 빨리 올 줄 모르고 실손 보험을 80세 만기로 가입했다. 몇 년 전에 불안해서 보험 리모델링이라도 할까 싶어 상담해보니, 보험료가 생각보다 많이 든다며 80세 이후는 저축으로 대비하는 게 좋겠다는 말을 들었다.

건강하게 오래 사는 것이 소원이라도 대부분 죽기 전에 얼마 동안 남의 보살핌을 받아야 한다. 이 기간이 예상보다 길어져 지출이 커질 위험에 대비해야 한다. 최근에 간병비가 화제가 되고 있다. 부모님 간병비로 월 350만 원을 지출하는 지인이 있다. 부모님이 자산이 없는 경우 자식이 직접 간병하거나 간병비를 대야 한다. 한두 달이라면 모를까, 오랜 세월 병상에 있다면 부모도 자식도 못 할 노릇이다. 긴병에 효자 없다지 않나.

일본에서는 모아둔 노후 자금은 70세 생일이 지나면 헐어 쓰라고 권한다고 한다. 되도록 오래 일하고, 모아둔 돈을 늦게 헐어 쓰는 게 자산 수명을 늘리는 데 유리하다. 근로소득이 있어도 부득이 노후 자금을 써야 한다면, 자산의 4% 이내가 적당하다. 나는 국민연금은 지난해 11월부터 수령하고, 당장 쓸 일이 없는 퇴직연금은 세제 혜택을 고려해서 매년 1만 원씩 청구했다. 개인연금과 IRP는 70세 이후 수령할 계획이다.

2. 자녀 지원보다 내 노후 준비가 먼저

자산 수명이 평균수명보다 길게 나올수록 노후 대비가 잘된 것으로 판단한다. 자산 수명이 평균수명보다 훨씬 짧게 나오면 은퇴 이후는 그야말로 '생존 싸움'이다. 행복해야 할 노년이 돈 때문에 사는 게 아닌 상황이 되고, 재미나 보람도 없어 삶이 고역이기 쉽다. 내가 쓸 돈도 부족한데 '자식에게 재산을 물려줘야지' 하는 생각은 사치다.

노년기에 자신이 쓸 돈이 부족하다면 자녀 지원은 최소화하는 선에서 가계 재무구조를 조정해야 한다. 자녀에게도 "원래 너희에게 얼마씩 보태주려고 했는데, 내 자산 수명을 계산하니 여의찮더라. 나중에 너희가 늙은 부모 뒤치다꺼리 하려면 힘들지 않겠냐. 그래서 지원을 절반으로 줄이려고 한다"라고 얘기하면 순순히 받아들일 것이다.

나도 아들이 결혼할 때 보금자리는 마련해주고 싶었지만, 그럴 형편이 못 돼서 겨우 시늉만 하고 셀프 부양을 선언했다. 그리고도 시선은 늘 자녀에게 가 있고 뭘 더해주지 못해 안달이다. 부모라면 누구나 자녀에게 아낌없이 주는 나무가 되고 싶을 것이다. 그러나 참아야 한다.

자산 수명
늘리는 방법

자산 수명을 갉아먹는 위험에 대비하기가 리스크 관리라면, 적극적인 투자와 관리로 자산 수명을 늘릴 수도 있다. 밸런스자산연구소 김진영 대표는 "은퇴를 앞둔 상황에 재무적인 준비가 부족하면 적극적으로 대책을 찾아야 하는데, 불안하다면서 오히려 위축돼 소극적으로 변하는 사람이 많다. 자산 수명이 짧은 사람은 예·적금만 고집할 게 아니라 은퇴 후 자산을 적극적으로 운용하기 위해 노력해야 한다"고 했다. 가상 화폐 같은 고위험·고수익 상품에 투자하라는 말이 아니라, 자산 배분형 펀드나 고금리 채권 등 예금이자보다 기대수익이 높으면서 변동성이 낮은 상품을 찾아 자산 수명을 늘리기 위해 노력할 필요가 있다는 것이다.

자산 수명을 늘리는 방법은 여러 가지다. 가장 좋은 방법은 일하는 기간 연장하기다. 부부가 맞벌이로 오래 일하면 가계의 자산 수명을 늘리는 데 큰 도움이 된다. 나이 들어서도 일하려면 평소 건강관리를 잘해야 한다.

다음은 지출 줄이기다. 은퇴 후 매달 400만 원씩 쓰겠다고 계획했어도 지출을 줄이는 노력이 필요하다. 우리나라보다 앞서 고령화를 겪은 일본에는 금융자산을 넉넉히 준비했으나 70세에도 지출을 통제하지 못해서 80~90대에 적자 인생이 되는 경우가 많다고 한다. 이를 타산지석으로 삼아 지출을 통제하고 관리할 필요가 있다.

자산 수명을 늘리는 마지막 방법은 노후 자산 운용하기다. 노후 자금으로 3억 원을 준비하고 은퇴한 경우, 노후 생활비가 월평균 200만 원이라면 은퇴 후 13년째 되는 해에 빈털터리가 된다. 하지만 이 돈을 연 3%로 굴리면 자산 수명이 16년, 연평균 5%로 운용하면 자산 수명이 21년까지 늘어난다. 자산 관리 방법에 따라 돈의 생존 기간이 달라지는 셈이다. 단 나이 들어서는 자금을 안정적으로 운용해야 그나마 가진 자금을 지킬 수 있기에, 운용 수익률에만 신경 쓸 수 없다는 점에 유의해야 한다.

편안한 노후 생활을 위한 자산 수명 늘리기의 중요성을 알았다면 이제부터라도 돈의 문제로만 접근하지 말자. 자산 수명을 늘리는 가장 좋은 방법인 오래도록 일하는 평생 현역 구조 만들기, 건강 수명 늘리기 등에도 관심을 가져야 한다.

소득 크레바스를 건너는 3가지 방법

"최선의 상황이 올 거라는 희망으로
최악의 상황을 준비하라."

_ 제임스 버크

크레바스는
빙하 골짜기에나 있는 줄 알았는데

대다수 퇴직자가 소득 크레바스에 머무른다. 소득 크레바스는 '소득 활동을 그만두고 국민연금을 비롯한 공적연금을 받기까지 소득이 없는 기간'을 뜻한다. 크레바스crevasse는 '빙하 표면에 깊이 갈라진 틈'으로, 소득 크레바스는 근로소득과 연금 소득 사이에 소득이 없는 기간을 깊은 계곡과 같은 상태에 비유한 말이다.

우리나라 평균 은퇴 연령은 약 52세다. 50세 전후 퇴직한 상당수가 원하는 대로 일자리를 찾지 못하고, 이는 생활비 마련의 어려움으로 이어진다는 게 문제다. 직장에서 은퇴하는 연령이 낮아지면 소득 크레바스는 길어질 수밖에 없다. 퇴직자는 소득 크레바스를 건너기가 쉽지 않아, 생활비를 줄이거나 재취업하면서 퇴직 후 경제적 문제를 해결하려고 한다. 소득 크레바스는 크게 세 가지 유형이 있다.

첫째, 퇴직 후 국민연금을 비롯한 공적연금을 수급할 때까지 소득이 없는 경우.

둘째, 공적연금 수급이 개시된 후에도 연금 수급액이 필요한 생활비에 못 미치는 경우.

셋째, 국민연금 수급자가 사망하면 유족연금이 나오지만, 연금 수급액이 줄어 배우자에게 소득 공백이 발생한 경우.

사람마다 퇴직하는 시기가 다르고, 국민연금 수급 개시 시기나 수급액도 달라 5~10년 소득 크레바스를 겪을 수 있다. 크레바스가 빙하 골짜기에나 있는 줄 알았는데, 전반생에서 후반생으로 넘어가는 중요한 시기에 소득 크레바스 구간을 만날 수 있다. 이 구간이 생기지 않도록 하는 것이 우선이지만, 불가피하게 이 구간을 만나면 슬기롭게 건너가야 한다.

소득 크레바스를 건너는
3가지 방법

그렇다면 소득 크레바스 시기의 공백을 어떻게 메워야 할까? 소득 크레바스에 대비하는 방법을 살펴보자.

첫째, 근로소득 기간을 국민연금 수급 개시 연령까지 연장해 소득 크레바스를 없앤다. 은퇴나 정년 연장을 개인이 결정하기는 어려워 현실적으로 가장 어려운 방법일 수 있다. 소득 활동을 오래 하려면 개인적인 역량을 갖춰야 하고, 때로는 직업을 바꿔 다른 분야에서 일할 능력과 유연성이 필요하다. 은퇴 후 재취업을 하기 위해서는 해당 분야에서 일할 능력이 있어야 하고, 창업하려면 철저히 준비해야 한다.

둘째, 은퇴하더라도 공적연금을 받기까지 다른 소득으로 생활비를 조달한다.

1. 퇴직금을 IRP나 연금저축 계좌에 넣고 연금 형태로 수급한다. 퇴직연금을 일시금으로 받으면 퇴직소득세를 납부해야 하는데, 연금 형태로 받으면 30~40% 절세 효과가 있다. 55세 이후 퇴직하는 사람은 바로 수급 가능해 소득 공백을 메우는 중요한 자원으로 활용 가능하다.
2. 국민연금을 조기 수급한다. 국민연금은 가입자 나이에 따라 수급 개시 시기가 정해진다. 현재 1964년생은 63세 정도부터, 1969년 이후 출생자는 65세부터 받을 수 있다. 국민연금 수급 개시 연도를 기준으로 최장 5년까지 앞당기는 제도를 조기 노령연금이라고 한다. 단 조기 노령연금은 국민연금을 일찍 받는 대신 수급 시기를 1년 당길 때마다 연금액이 약 6%씩 감액된다는 점을 알고 조기 수급 여부를 결정한다.

3. 주택연금 제도를 활용한다. 자신이 사는 집을 담보로 연금을 받는 주택연금은 부부 중 연장자가 55세가 넘으면 가입할 수 있고, 보유 주택 공시가가 12억 원을 넘지 않는 경우, 두 가지 조건을 충족하면 연금 수급을 개시할 수 있다.

셋째, 다른 준비가 미흡한 경우 소득 크레바스 시기의 생활비 규모를 줄인다. 하지만 은퇴한 뒤에는 현역 때와 다른 유형의 소비지출이 증가할 수 있기에, 생활비 규모를 무조건 줄이는 데 한계가 있다. 지출 계획을 잘 세우고 그에 따라 생활해야 한다.

소득 크레바스에 대비하지 않으면 이 기간에 생활수준이 급격히 떨어질 수 있다. 은퇴 후 소득 크레바스가 생기지 않도록 퇴직 전부터 노후에 대비하는 것은 당연한 일이지만, 은퇴 후 소득 공백이 생긴다면 위 방법을 잘 활용해 이 시기를 현명하게 넘기자.

5.

은퇴를
당당하게 하는
지식재산이
필요해요

평생 현역이 답이다

자기 이름 석 자가 브랜드가 되게 하라

지식재산을 만들어라

책만 한 스승은 없다

학습이 없는 삶은 치명적이다

앙코르 커리어를 준비하라

평생 현역이 답이다

"돈이 많고 건강하면서도 은퇴하는 것은 멋진 일이다. 그러나 돈이 많고 건강하면서도 일을 계속하는 것은 더욱 멋진 일이다."

_ 빈스 피콕

평생 현역은 선택이 아니라 필수

100세 시대, '평생 현역'은 이제 선택이 아니라 필수다. 주변에서 퇴직자를 만나보면 경제적 대비를 했어도 은퇴하고 30~40년은 더 살아야 하니 평생 현역이 답이라는 사람도 있고, 경제적 대비가 부족해서 평생 현역일 수밖에 없다는 사람도 있다. 40년 동안 지겹도록 일했다, 벌어놓은 돈과 연금으로 죽을 때까지 최소한 생계가 가능하다고 판단되면 그냥 쉬겠다는 사람 등 평생 현역이라는 한 가지 주제를 놓고도 퇴직자의 생각은 다양했다.

일의 모델이 '정년까지 일한다'에서 '평생 일해야 한다'로 바뀌고 있다. 은퇴와 퇴직에 대해 이야기하는 것도 우리 세대가 마지막이 아닐까? 일본 FP사무소스토라토의 이요다 마코토伊豫田誠 대표는 "한 회사에서 정년까지 일하고 퇴직금과 연금으로 노후를 유유자적 보내겠다는 계획은 이제 과거형 모델이다. 정년까지 일한다고 해도 100세까지 남은 35년이 매우 길기에 발상의 전환이 필요하다"라고 했다.

시대적인 상황을 반영하듯 방송에도 심심찮게 평생 현역을 실천하는 사람이 나오고, 주변에서도 자주 만난다. 평생 현역을 실천하는 사람에도 두 부류가 있다. 일이 좋아서 경제적 목적과 상관없이 자아실현을 위해 일하는 사람, 생계유지 때문에 평생 현역인 사람이다. 가능하면 자아실현을 위한 평생 현역이 바람직하겠지만, 어떤 이유로든 평생 현역을 실천할 수 있다는 것은 축복이다. 하고 싶어도 못 하는 사람이 있을 테니까.

퇴직 후
연금보다 중요한 일

왜 평생 현역일까? 일을 한다는 것은 인생을 잘 보내는 방식이기도 하고, 일을 통해 성장하면서 인생 최고 목적인 자아실현을 한다는 데 의미가 있다. 우리나라보다 먼저 고령화를 겪은 일본은 노후 준비 문제를 노후 자금을 어떻게 마련할지에서 정년 후 무엇을 하고 살지 일의 문제로 방향을 전환했다. 이 이면에는 퇴직 후 인생이 할 일 없이 견디기에는 너무 긴 세월이라는 점, 그동안 가족을 위해 힘들게 돈을 벌고 앞만 보며 살아왔으니 퇴직 후에는 유유자적한 삶을 즐기리라 기대했는데 할 일 없이 긴 세월 지낸다는 게 이토록 괴로울 것이라는 생각을 못 했다는 점이 감춰져 있다.

할 일 없음은 노후 4대 리스크에 드는 외로움과 직결된다. 퇴직 후 대비가 경제적인 면도 중요하지만, 할 일을 만드는 것이 중요함을 이제야 깨달은 것이다. 우리도 정년 후의 '상식'이 돈에서 일로 바뀐 일본의 사례를 반면교사로 삼아, 퇴직 후 무슨 일을 하고 살지 준비해야 한다.

퇴직 후
일이 주는 효용

일은 돈을 벌기 위한 목적도 있지만, 퇴직 후 남아도는 시간과 할 일 없음에서 오는 고독을 견디는 수단이 되기도 한다. 돈이 있다고 행복한 것은 아니다. 일을 통해 성취감을 얻고, 보람과 즐거움을 맛보며, 주변 사람과 좋은 관계를 맺고 유지할 수 있기 때문이다.

퇴직 후 일이 주는 효용은 상당하다. 자기 상황에 맞는 일을 찾으면 일을 통해 건강을 관리하고, 부족한 노후 생활비를 충당하거나 손주들 용돈을 주고, 무엇보다 할 일 없음에서 오는 외로움과 시간 죽이기에서 벗어날 수 있다. 은퇴 후 할 일을 준비하면 노후 4대 리스크(일, 돈, 건강, 외로움)가 자동으로 해결된다.

그러니 축구나 농구 선수들이 하프타임에 전열을 가다듬고 후반전에 임하듯, 40~50대에 퇴직 후 일에 대한 고민과 준비를 해두자. 퇴직 후의 일이 현역 시절의 직업과 같거나 그 연장선에 있을 필요는 없다. 직위나 직책을 추구하는 전통적 직업관과 근본부터 다르다. 평생 현역은 일을 뛰어넘어 자신이 원하는 일, 좋은 일을 하면서 인생을 뜻깊게 마무리하는 개념이다.

19세기 폴란드 시인 치프리안 노르비트는 행복한 인생을 위해 세 가지가 필요하다고 했다. 먹고사는 일, 목숨 바칠 정도로 재미있는 일, 의미 있는 일이다. 그는 세 가지 중 하나가 부족하면 그 사람의 생은 드라마가 되고, 둘이 부족하면 비극이 된다고 했다. 세 가지가 한 번에 충족될 수 있는 일을 하는 사람은 드물다. 다만 평생 현역을 추구하는 사람으로서 전반생에 먹고사는 일에 치중했다면, 후반생으로 갈수록 재미와 의미 있는 일로 채워가며 삶에서 일의 균형을 맞추면 좋을 것이다.

평생 현역은 나를 돌아보는 일부터 시작해야 한다. 내가 하고 싶은 일이 무엇인지, 내가 잘하는 일이 무엇인지, 내 안에 숨은 능력이 무엇인지 찾아보자.

자기 성찰을 통해 자신이 하고 싶은 일의 방향을 정해서 추진하면 현역 때보다 재미있고 보람된 일을 하며 평생 현역으로 살아갈 수 있다. 평생 현역은 단순히 일로 접근해선 답을 구하기 어렵다. 열정을 쏟을 주제나 대상이 있으면 얼마든지 평생 현역으로 만들 수 있다. 취미도 자기 인생을 충실히 하거나 정신적으로 풍요롭게 할 수 있다면 평생 현역의 자산이 된다. 자원봉사, 여가 활동, 배움 등 다양한 활동을 일의 영역에 포함하고 자신의 목표와 지향하는 가치에 따라 다양하게 펼쳐가면 된다. 평생 현역의 준비는 가장 강력한 노후 준비다. 평생 현역의 준비, 언젠가로 미루지 말고 지금 시작하자. 무엇을 어떻게 해야 할까?

자기 이름 석 자가
브랜드가
되게 하라

"상품 간 차별화가 어려워지고
경쟁자들의 진보 속도가 빨라질수록
브랜드의 가치는 오르고 또 오를 것이다."
_ 길리안 로, 닉 그랜트

자신의 가치를 높이는
퍼스널 브랜딩

평생 현역의 시대에 가장 중요한 것은 자신의 가치 높이기다. 자신의 가치를 높이는 것은 자신을 전문가의 반열에 올려놓는 것이고, 자신을 브랜딩하는 것이다. 사람을 제품이나 서비스 취급하는 듯해 마음이 편치 않지만, 우리는 자신의 가치를 만들고 시장이 원하는 사람이 돼야 하는 브랜딩의 시대에 살고 있다.

브랜딩은 이제 기업의 영역뿐만 아니라 개인의 영역까지 확대됐다. 원래 브랜딩이란 브랜드+ing로 '브랜드를 만들고 지속적으로 관리하는 과정'이다. 세스 고딘은 《마케팅이다》

에서 "브랜드란 기대, 추억, 이야기, 관계의 집합체로 다른 여러 가지 제품이나 서비스 중에서 한 가지를 선택하기로 한 소비자의 결정을 종합한 것"이라고 했다.

사람은 하루에도 수많은 제품이나 서비스와 관련된 선택을 한다. 소비자는 선택을 앞두고 어떻게 결정할까? 사람의 뇌는 무게가 약 1.5kg에 지나지 않지만 에너지는 20% 넘게 사용한다. 뇌를 많이 쓰면 그만큼 피곤하기에 인지적인 구두쇠일 수밖에 없다. 구매 행동을 할 때 모든 상품과 서비스를 기억하는 정보를 머릿속에서 끄집어내 비교·분석하지 않고 경험과 상식, 직관에 따르는 휴리스틱을 이용해 경험과 기억 속 정보 가운데 카테고리별로 2~3개 브랜드를 인출해서 습관적으로 결정한다. 물론 자동차나 주택 구입처럼 중요한 결정은 정보 수집, 비교 분석 등 신중하고 복잡한 과정을 거친다.

은퇴 후 충전의 시간을 보내는 나는 사무실이 없다. 특별한 일이나 약속이 없으면 도서관이, 도서관이 휴관인 날은 카페가 사무실이다. 이때 내 머릿속에 떠오르는 카페는 수많은 카페 브랜드 중에 2~3개, 자동으로 발걸음이 향하는 카페는 A다. 다른 제품도 마찬가지다. 일주일에 한 번쯤 남편과 치킨에 맥주 마시기가 소확행이다. '치킨 공화국'이라고 할 정도로 많은 치킨 브랜드가 있어도 2~3개 브랜드가 생각나고, 가장 먼저 떠오르는 치킨집은 B다.

기업이 궁극적으로 추구하는 마케팅 목표는 많은 소비자가 제일 먼저 떠올리고 찾는 브랜드 되기다. 그래서 마케팅 전략의 하나로 브랜딩을 사용한다. '잘 키운 브랜드 열 기업 안 부럽다'는 말이 있을 만큼 브랜드의 힘은 강력하다.

자기 이름 석 자가
브랜드가 되게 하라

기업이 마케팅 전략으로 브랜딩을 사용했다면, 최근에는 사람에게 적용해서 퍼스널 브랜드로 그 개념이 확장되고 있다. 퍼스널 브랜딩은 개인이 자신을 브랜드화해서 경력을 구축하는 과정, 즉 자기 이름 석 자를 브랜드로 만드는 것이다. MC 하면 누가 떠오르는가? 국민 MC 유재석이다. 강사 하면 누가 떠오르는가? '아트 스피치' 김미경이다. 이들처럼 이름이 브랜드가 돼서 사람들이 가장 먼저 떠올릴 수 있다면 얼마나 좋을까? 직장인은 관심이 없을지 모른다. 그러나 평생직장이 사라진 지 오래고, 평생 직업도 찾아보기 힘들다. 평생 일해야 하는 시대다. 퍼스널 브랜딩이 잘된 경우라면 자신의 영역에서 쉽게 선택될 수 있다.

  MZ 세대는 업무 영역에서 필요한 사람을 찾을 때 검색부터 한다. 누구보다 잘한다고 해서 검색에 노출되기 어렵다. 핵심은 더 잘하는 것이 아니라 고유한 무엇이다. 그러니 자기 영역에서 '나는 달라'로 접근하는 것이 퍼스널 브랜딩을 하기에 더 쉽다. 어떻게 해야 할까?

가장 먼저 내가 어떤 브랜드가 될지 전문 영역을 정하고, 해당 영역에서 전문가가 되기 위해 어떤 노력과 준비가 필요한지 알아야 한다. 브랜딩은 실체를 바탕으로 인식을 만드는 작업이다. 무엇보다 자신의 전문성을 갈고닦아 경력을 쌓는 시간이 필요하다.

유재석이 어느 날 갑자기 국민 MC가 되고, 김미경이 어느 날 갑자기 '아트 스피치' 강사가 되지 않았다. 자기 영역에서 오래 경력을 쌓고 노력하면서 자신의 색깔을 드러냈고, 시청자와 수강생이 인정하면서 그들의 이름 석 자가 브랜드가 된 것이다. 전문성을 축적하는 동안 자신의 실체를 만들어야 한다. 이때 자기 영역에서 베스트 원보다 온리 원이 되는 데 초점을 맞춰야 사람들에게 자신을 부각하기가 좀 더 수월하다. 브랜딩을 할 때는 자신의 전문 영역을 갈고닦는 과정과 자신을 부각하는 과정이 톱니바퀴처럼 맞물려 돌아가야 한다. 쉽지 않지만, '더 나은 나' '남과 다른 나'로 만들어가는 과정이 주는 유익이 있다.

남다른 전문가로 인정받고 자기 이름 석 자가 브랜드가 되게 하는 방법에는 무엇이 있을까? 학위나 자격증 취득, 강의와 멘토링, 컨설팅, 코칭 등 실무 능력 향상, 칼럼 게재, 출간, 유튜브나 블로그 같은 디지털 기반 활동 등 다양한 방법이 있다. 여건이나 상황에 맞는 방법을 선택해서 자신의 가치를 높이면 된다. 어디서부터 어떻게 접근해야 할지 모르겠다면 일단 SNS 계정을 만들어 시작하자.

다음은 퍼스널 브랜딩을 위한 나의 노력과 결과물이다. 아직 브랜드 가치가 낮지만, 평생 현역을 추구하는 사람으로서 브랜딩을 위한 노력은 진행 중이다.

분야	내용	취득(활동 개시) 연도
학위 취득	경영학 박사	2016년
자격증 취득	경영지도사(마케팅)	1993년
	신용상담사	2018년
	KAC 인증코치	2022년
출간	《소비자 행동》(공저)	2017년
	《은퇴 프로젝트 '메리골드를 구하라'》	2024년 예정
블로그 활동	매일 1개 이상 포스팅	2023년 3월~
강의 활동	마케팅 외 창업 경영 강의	2000년~
	전직 지원과 은퇴 설계 강의	2012년~
독서	주 1권 이상	2000년~

퍼스널 브랜딩은 투자다. 시간과 노력을 들여 자신의 전문성을 길러서 가치를 높이고, 이를 적절히 홍보해서 타인에게 전달하는 것이 중요하다. 100세 시대임을 고려할 때, 자신을 브랜드로 만들면 평생 현역에 아주 좋은 전략이자 든든한 은퇴 자본이 된다. 지속적인 학습과 개발, 네트워킹, 퍼스널 브랜딩 구축으로 평생 현역의 무기를 장착하자.

지식재산을 만들어라

"지식에 기반을 둔 사회에서
지식은 특권이 아니라 의무다."
_ 피터 드러커

지식재산이 필요하다

기업뿐만 아니라 개인에게도 지식재산이 중요한 시대다. 작사가나 작곡가에게 다달이 저작권료가 입금되고, 출간한 작가에게 인세가 입금되고, 유튜브 영상 조회 수에 따라 수익이 발생하는 등 지식재산이 무형자산으로 등극하고 있다.

지식재산은 새로운 아이디어가 있으면 공평한 과정을 거쳐 누구나 획득 가능한 21세기형 자산이다. 지식재산권intellecctual property은 인간이 창조적 활동이나 경험 등을 통해 창출·발견한 지식과 정보, 기술, 표현, 표시 그 밖에 무형적인 것으로 재산적 가치가 실현될 수 있는 지적 창작물에 부여된 재산에 관한 권리다. 산업재산권과 저작권으로 나뉘며 산업재산권은 발명에 대한 특허, 등록상표, 산업디자인과 지리적 표시 등을 포함한다. 저작권에는 문학작품을 포함한 글, 예술작품, 데이터베이스, 건축 디자인, 프로그램 등이 있다.

지식재산권은 기업에 경제적으로 중요한 무형자산이며, 경쟁 구도에서 생존을 위한 무기다. 테슬라는 2003년 설립한 뒤 600개 특허를 내며 전기 차 업계 1위로 올라섰다. 디즈니는 상표와 디자인으로 해마다 92조 원을 벌어들인다. 코카콜라는 영업 비밀로 130년간 승승장구하고 있다. 이처럼 지식재산권은 기업의 미래를 풍요롭게 하는 성장 동력이다.

그동안 개인의 저작 활동에 대한 권리는 가치보다 소홀히 취급됐으나, 요즘은 재산으로서 그 가치를 톡톡히 인정받는다. 특별한 사람들의 이야기가 아니다. 누구나 자신의 지식재산을 축적하고 수익화할 수 있다. 평생 현역을 꿈꾸는 사람이라면 지식재산을 만드는 일에 도전해보자. 지식재산을 만드는 일이야말로 퍼스널 브랜딩에 직접적인 도움이 된다.

온라인 명함과
오프라인 명함을 만들어라

지식재산을 만드는 다양한 방법 가운데 두 가지에 도전해보자. 첫째는 블로그라는 온라인 명함을 만드는 일, 둘째는 출간이라는 오프라인 명함을 만드는 일이다. 퍼스널 브랜딩에 아주 좋은 방법이다.

직장에 다닐 때 사람을 만나면 의례적으로 명함을 주고받는다. 명함은 직업, 지위 등 직업인으로서 정체성을 드러낸다. 회사 인간으로 살다가 은퇴와 동시에 명함이 없어지면서 상실감에 빠지는 사람이 많다. 그래서 은퇴자 대상 교육에서 가장 인기 있는 프로그램이 자신의 미래 명함 만들기다.

명함 없이 자신을 소개할 수 있다면 얼마나 좋을까? 나는 그 방법으로 블로그와 글쓰기를 생각했다. 좀 더 빨랐으면 좋았겠지만, 지난해에 시작한 것만도 다행이다. 출발이 늦어도 안 하는 것보다 낫고, 그때가 무엇을 시작하기에 가장 젊은 날이다.

온라인 명함을 만드는 일은 블로그나 브런치 등 온라인에 자신의 지식재산을 콘텐츠화하는 방법이다. 과거에는 학벌이 중요했다. 요즘은 내세울 만한 학벌이 없어도 온라인에서 이름을 떨치며 활동하는 인플루언서가 많다. 온라인에 지식재산을 콘텐츠화할 경우 자신의 지식을 체계화하고 자기 이름을 알리는 기능을 하며, 수익도 기대할 수 있다. 블로그에 글쓰기를 시작하면 자신의 브랜드를 만들고, 꾸준히 지속하면 온라인 명함으로 진가를 발휘한다.

블로그를 개설하고 콘텐츠 올리기가 굳이 도전이라고 할 수 있느냐고 반문하는 사람도 있을 것이다. 나는 몇 년 전에 야심 차게 블로그를 개설했다. 글쓰기라는 본질보다 어떤 이

미지를 넣어야 눈에 띌까 같은 지엽적인 일을 생각하다가 어영부영 문을 닫고 말았다. 다시 블로그에 도전하기로 마음먹은 때는 지난해 3월이다.

지인들과 글쓰기 100일 챌린지를 시작하면서 카페와 블로그에 그날그날 쓴 글을 올리기로 했다. 날마다 쓴 글과 감사일기를 올린 지 1년 5개월이 됐다. 자신이 없어 비공개로 쓰다가, 카페에 공개하니 반응이 제법 괜찮았다. '전문 작가 같아요' '글에 따뜻함이 묻어나요' 같은 댓글을 보며 자신감이 생겼다.

요즘은 검색 시대다. 온라인 검색으로 필요한 분야의 인맥을 찾는 사람이 많다. 온라인 명함이 자신을 홍보하고 브랜딩 한다. 평생 현역으로 살아야 하는 시대에 온라인 명함은 선택이 아니라 필수다. 블로그가 없다면 지금 개설하고 자신의 지식재산을 콘텐츠화하자. 바로 브랜드가 되진 않겠지만 꾸준히 하다 보면 어느새 블로그라는 온라인 명함이 브랜드가 될 수 있다.

오프라인에 명함 만들기는 자신만의 콘텐츠를 출간하는 일이다. 직장에서 어느 정도 연차가 되면 지식과 경험이 쌓여 자신의 직무 분야에서 전문가가 됐음을 깨닫는다. 평생 현역을 꿈꾸는 사람이라면 자기 분야에서 전문가적인 입지를 구축할 필요가 있다. 전문성은 학위, 자격증, 저서, 실무 경력 등 다양한 자격으로 증명할 수 있다. 그중에서 출간은 경력에 유용하고, 얼굴 없는 명함이 된다.

내 주변에는 컨설팅이나 강의를 하는 프리랜서 가운데 책을 몇 권씩 낸 이들이 많다. 그들은 밭에서 무 뽑듯이 1년에 한두 권씩 출간한다. 책으로 자신의 브랜드 가치를 높이는 사람들이다.

독서량이나 지식수준을 보면 나와 크게 다르지 않은 듯한데, 출간 권수로 따지면 하늘과 땅 차이다. 궁금해서 책을 쓸 때 어떻게 하는지 물어봤다. 한 사람은 쓰려는 주제로 나온 책을 20~30권 쌓아놓고 일주일쯤 틀어박혀서 쓴다고 한다. 다른 사람은 평소에 관련 분야 글을 스크랩했다가 글감이 일정 분량 모이면 쓰기 시작한다고 한다.

이들이 내게 한결같이 하는 말이 있다. "완벽하게 하려고 하니까 못 쓰는 거예요. 완벽주의를 버려요." 나는 완벽주의자가 아니지만, 출간을 염두에 둔 글은 완성도 있어야 하고 독자에게 도움이 돼야 하며, 같은 분야 도서와 너무 유사한 내용이 아니어야 한다고 생각했다. 주변 지인들은 이런 조언도 건넸다. "종전의 지식과 학문 70%에 자신의 아이디어와 생각 30%를 보태라. 세상에 전혀 새로운 것은 없다. 편하게 생각하라."

노후를 준비하는 과정에 나와 같은 어려움을 겪는 사람이 있다면, 위로하고 잘할 수 있다고 격려해주고 싶었다. 방법은 알면서 실행하지 못하면 알려주고 싶었다. 커피 석 잔 값으로 밝은 미래를 만드는 일에 도움이 되자는 가벼운 마음으로 책을 쓰기로 마음먹었다. 준비한 지 햇수로 3년이 넘었지만, 진도가 나가지 않아 포기하기 일보 직전이었다. 더 늦출 순 없다고 지난해 신년 계획에 넣었는데, 아들 결혼식 준비를 핑계로 두 달을 그냥 보냈다.

'도대체 생각은 하고 사니? 목표를 왜 안 지키니? 좀 더 열정적으로 하고 싶은 일을 해야지. 너무 시간 죽이는 거 같아. 그렇게 해서 네가 꿈꾸는 내년 3월 1일 은퇴를 즐겁게 맞을 수 있겠니?' 내면에서 나를 꾸짖는 목소리가 들려왔다.

4년 전에 만난 박○○ 대표에게 연락했다. "작가님, 반가워요. 어떻게 지내셨어요?" 출판사 편집장 출신으로 출판과 강의, 컨설팅을 하는 분인데 나를 작가라고 부른다. 머쓱해서 "아이고 쑥스러워요. 아직 시작도 못 했는데요…" 하니 "작가라서 쓰는 게 아니라 쓰니까 작가"라고 한다.

지난해 2월 28일에 박 대표를 다시 만났고, 3월 1일부터 작가라서 쓰는 게 아니라 쓰니까 작가가 되기로 했다. 카피라이터 정철은《사람 사전》에서 작가를 "혼자 생각하고 혼자 관찰하고 혼자 끼적거리고 혼자 감탄하는 사람, 무엇보다 혼자 밥 먹는 일을 잘하는 사람, 그 혼자의 결과를 혼자 갖는 게 아니라 독자와 공유하는 사람. 유명 작가와 무명작가가 있는데 품질의 차이는 크지 않다"고 했다. 헤밍웨이는 모든 초고는 걸레라고 했다.

해야 하는데 스스로 잘 안 될 때는 외부의 자극이 필요하다. 주변 사람이나 책에서 읽은 글은 내게 완벽주의를 버리고 그냥 써보라고 자극과 용기를 북돋웠다. 초보 작가가 완벽하지 않은 게 당연하다는 생각을 왜 못 했을까? 가벼운 마음으로 매일 아침 한 편씩 썼고, 지금까지 이어오고 있다. 책 쓰는 데도 많은 도움이 됐다.

　김키미 작가는 《오늘부터 나는 브랜드가 되기로 했다》에서 "글쓰기의 가장 큰 보상은 브랜딩이다"라고 했다. 자기 스토리를 책으로 내는 것은 자신의 가치를 높이고 브랜드를 만들어가는 데 좋은 자산이다. 나를 전문가로 만드는 자격증이자 명함이다. 무슨 일이든 처음은 서투르다. 가벼운 마음으로 시작해보자.

퍼스널 브랜딩에 유용한 날개를 달자

블로그와 책 쓰기는 퍼스널 브랜딩에 유용한 날개다. 퍼스널 브랜딩 전문가 조연심 작가는 퍼스널 브랜딩이라는 주력 분야를 정해서 10년간 해마다 한 권을 쓰겠다는 약속을 하고, 블로그와 책으로 자신의 브랜드를 완성하고 있다.

　블로그와 책 쓰기를 통해 자신의 브랜드를 가꿔보자. 퍼스널 브랜딩은 유명한 사람의 전유물이나 젊은이에게 필요한 것이 아니다. 자기 분야에서 전문성을 구축하고 고객에게 선택되고 싶은 사람이라면 누구에게나 필요하다. 심지어 은퇴자에게도 필요하다.

나는 은퇴 준비를 위해 블로그와 출간을 마음먹었다. 내가 활동하는 영역에서 블로그가 온라인 명함이, 책이 오프라인 명함이 되게 하고 싶었다. 블로그는 일반인도 많이 하지만, 출간은 성공한 사람만 하는 일인 줄 알았다. 아니다. 성공해서가 아니라 성공하기 위해 책을 썼고, 책을 써서 성공한 사람도 있다. 내가 은퇴 후 인생 2막을 시작할 수 있게 해주는 명함으로 블로그와 책을 선택한 것처럼 당신도 해보라.

앞으로 세상은 회사에서 월급 받는 사람보다 플랫폼에서 정산받는 사람이 늘어날 거라고 한다. 이 말을 입증하듯이 콘텐츠를 생산해서 수익을 창출하는 사례와 글쓰기에 관심을 보이는 사람이 많다. 온라인에 글쓰기가 출간으로 이어지고, 출간이 자신의 브랜드이자 지식재산이 된다. 든든한 은퇴 자산으로 평생 현역의 날개가 될 것이다. 자신의 방법을 찾아 지식재산을 축적하자. 선택은 온전히 자신의 몫이다.

책만 한 스승은 없다

"책을 읽는 것은 많은 경우
자신의 미래를 만드는 일이다."
_ 랠프 월도 에머슨

Not all readers are leaders, but all leaders are readers

빌 게이츠, 일론 머스크, 워런 버핏, 토머스 에디슨, 벤저민 프랭클린, 에릭 호퍼, 정약용의 공통점이 뭘까? 독서가이자 세상을 바꾼 이들이다. 이들이 책을 읽지 않았다면 리더가 될 수 있었을까? 이들은 독서를 통해 거인의 어깨에 올라서 세상을 바꾸는 아이디어를 내거나 사람들에게 영향력을 미친 위대한 리더가 됐다. "Not all readers are leaders, but all leaders are readers(모든 독자가 리더는 아니지만, 모든 리더는 독자다)." 미국의 목사이자 작가 해리 트루먼이 독서의 중요성을 강조한 말이다. 우리는 자기 삶을 경영하는 리더다.

리더가 되려면 독서는 기본이다.

　사람들은 다양한 이유로 책을 읽는다. 더 나은 사람이 되기 위해 읽는 사람, 지식을 습득하려고 읽는 사람, 아이디어를 얻기 위해 읽는 사람, 동기부여를 받고 자기 계발을 위해 읽는 사람 등 책을 읽는 목적이나 동기는 다양하다.

　나는 전기가 들어오지 않고, 도서관이나 가게도 없는 시골 마을에서 어린 시절을 보냈다. 정서적으로 좋은 점이 많았지만, 그 시기에 책을 접하지 못한 것은 두고두고 아쉬움으로 남는다. 어릴 때 도서관이 있는 곳에서 살았다면, 책을 통해 위인을 만나봤다면 어땠을까? 상상의 나래를 펴며 꿈을 꾸고, 위인의 삶을 비슷하게나마 따라 하고 싶지 않았을까? 고등학교에 입학하고 나서 도서관에 책이 아주 많고 빌려 읽을 수도 있다는 사실을 알았지만, 학창 시절에는 공부하느라 바빠 책 읽는 시간과 양이 절대적으로 부족했다. 물론 핑계에 지나지 않는다.

　내가 책을 본격적으로 읽기 시작한 것은 직장에 다니면서부터다. 정치외교학을 전공한 내가 기업 경영 관련 일을 하려니 지식이 필요했다. 그래서 선택한 방법이 독서다. 사회인이 돼서야 비로소 거인의 어깨에 올라선 것이다.

거인의 어깨에 올라서서
더 넓은 세상을 보라

독서만으로도 브랜딩이 가능하다는 사실을 아는가? 평범한 사람이 독서로 인생을 바꾸기도 하고, 책을 읽고 성공의 발판으로 삼은 사람도 많다. 아이작 뉴턴의 말처럼 '책을 읽는다는 것은 거인의 어깨에 올라서서 넓은 세상을 보는 것'이다. 학술 검색 사이트 구글 스칼라의 검색창 밑에 있는 문구이기도 하다. 책은 한평생 살아도 경험하지 못하고 배울 수 없는 위대한 거인을 만나는 통로다. 그 거인의 어깨에 올라서서 인간적 성장의 발판을 마련하고 직업 관련 지식도 얻으니 일용할 양식이다.

우리 인생을 성공으로 인도하는 두 가지가 있다. 하나는 사람이고 다른 하나는 책이다. 성공한 사람 가운데 85%는 인간관계가 성공에 영향을 미쳤다고 한다. 자신이 만날 수 있는 사람에 물리적 공간의 한계가 있다. 책은 사람과 달리 마음먹으면 누구나 언제든 만날 수 있다. 우리가 어떻게 아리스토텔레스를 만나고 니체와 아인슈타인, 정약용을 만날 수 있겠는가. 책에는 한 사람의 사상과 인생, 지혜와 경험이 고스란히 녹아 있다. 커피 석 잔 값으로 한 사람의 인생을 통째로 경험하니 가장 값싼 투자다.

첫 직장에서 겪은 일이다. 1994년 4월, 이사장이 연수원에 와서 중소기업 사장들을 대상으로 한 시간 동안 강의해야 한다며 M 부장에게 강의안 작성을 지시했다. 경영학 전공자도 많은데 M 부장은 하필 정치외교학을 전공한 내게 이 일을 맡겼다.

강의해본 경험이 없으니 강의안을 어떤 주제로 어떻게 작성해야 할지 몰라 막막했다. M 부장에게 도움을 요청해도 "박 대리가 중소기업 사장님들에게 해주고 싶은 이야기를 주제로 해봐"라고 할 뿐이었다. 무작정 대형 서점으로 가서 중소기업과 기업 경영에 관한 책을 대충 훑어봤다. '기업가 정신'이란 주제가 눈에 들어와 관련 서적 여섯 권을 샀다. 무조건 읽고 내용을 정리했다. 여섯 권을 읽으니 어떤 순서로 어떤 내용을 말해야 할지, 무엇을 강조하고 어떤 에피소드로 넣어야 할지 감이 잡혔다.

이사장으로 빙의해 강의안을 작성했다. M 부장이 "이사장님께 원고를 드리니 상당히 흡족해하셨다"며 칭찬해줬다. 열흘 동안 집안일도 팽개치고 주말도 없이 책 읽고 정리하고 강의안을 작성했는데, 강의 주제와 포인트가 맞아서 얼마나 다행이었는지 모른다. 나도 모르게 어깨가 으쓱했다.

이후 독서는 업무의 전문성과 관련 지식을 체계적으로 축적하는 데 도움이 됐고, 교사자격증을 포기한 내가 무대 울렁증을 극복하고 강의 활동을 하는 원동력이 됐다. 지식이나 지혜는 기본이고 덤으로 돈이 되는 즐거움도 알게 해줬다.

요즘은 외모가 경쟁력이라고, 미모를 가꾸기 위해서는 성형수술도 하고 근육 관리도 잘한다. 정작 경쟁력이 될 전문성을 갖추고 마음의 근육을 키우는 책은 왜 읽지 않을까? 참으로 안타깝다.

독서가 중요하다는 건 알지만 실천하기는 쉽지 않다. 주변에 책보다 재미있는 일이 얼마나 많은가. 내가 자식에게나 회사 직원들에게 유일하게 하는 잔소리가 바로 독서다. 하루 30분부터 시작해서 매일 책을 읽다 보면 어느 날 자기 분야의 전문가가 돼 있을 거라고….

은퇴 후 도서관으로 출근하는 나를 보고 친구는 죽을 때까지 도서관에서 살 거냐고 한다. 언니들은 그 나이 먹어서 무슨 공부냐고 지겹지 않냐고, 책은 머리에 들어오지도 않는다면서 나를 별종 취급한다. 책 쓰기를 마치면 여행도 하고 우아하게 쉬기도 할 것이다. 독서와 글쓰기는 여전히 내 일과표에 있는 소중한 일이고, 도서관은 나를 품어주는 사무실이자 독서실이요 케렌시아(안식처)다.

읽으며 살자는 '읽자 생존', 기록하며 살자는 '적자 생존', 걸으며 살자는 '걷자 생존', 웃으며 살자는 '웃자 생존'이 내 후반생의 모토다. 은퇴 후 내 직업은 공부, 전공은 독서, 부전공은 글쓰기, 취미는 걷기와 놀기다.

독서는 자신을 브랜드화하려는 사람에게 유용한 도구다. 퍼스널 브랜딩을 생각하고 책을 읽은 것은 아니지만, 독서는 나를 키우고 전문성을 축적하며 브랜딩 하는 데 중요한 역할을 했다. 브랜딩은 '나는 노는 물이 달라'를 각인하는 일이다. 자기 분야에서 존재를 부각하려면 전문성과 신뢰성이 있어야 한다. 독서는 전문성을 강화하고 전문성에 신뢰를 더한다. 블로그에 글쓰기, 책 쓰기의 출발점은 독서다. 책을 읽지 않는 사람이 블로그에 글을 쓰고 책을 쓴다는 건 상상하기 어렵다. 인생에 강력한 무기가 필요하다면, 퍼스널 브랜드가 필요하다면 자기 분야에 깊이와 넓이를 더하는 책 읽기부터 시작하자.

우리 주변에 평범한 사람도 독서로 실력을 기르고 삶을 바꾼 경우가 많다. 사회복지사로 근무한 전안나 작가는 매일 책 한 권을 읽은 경험을 토대로 《1천 권 독서법》을 출간한 뒤 5년 만에 여덟 권을 내면서 자신의 브랜드를 만들어가고 있다. 심한 우울증과 책 읽기가 경험이 되고 자산이 돼서 직업까지 바꿨다.

2018년 말 홍대 부근 북카페에서 전안나 작가를 만났다. 당시 나는 경제적 파탄에 따른 스트레스로 누가 건드리기만 해도 눈물이 나올 것 같은 상황이었다. 그냥 앉아서 걱정하지 말고 뭐라도 해보자는 생각에 퇴근 후 캘리그래피를 배우거나 교육을 듣고, 저자 강연을 찾아다녔다. 생각으로 해결될 일이 아무것도 없었기에 다른 세상에 빠져들었다. 직무 관련 경험을 토대로 창업 경영이나 은퇴 준비 책을 써서 퇴직 후 활동과 연결하자는 생각을 하고 있었다. 나의 파란만장한 50대 은퇴 준비 경험을 바탕으로 한 책부터 쓰기로 했다. 오십에 전직해야 하는 사람들, 나처럼 힘든 노후 준비 과정을 겪은 사람들, 노후 준비에 막연한 두려움이 있는 사람들에게 말을 걸어보기로 했다.

  살면서 가장 좋은 성공 비법은 실력을 기르는 일이고, 실력을 기르는 데 가장 '가성비'가 좋은 방법은 책 읽기다. 평생 현역을 꿈꾸고 지식재산을 만들고 싶다면 거인의 어깨에 올라서는 방법, 책 읽기를 시작하라.

학습이 없는
삶은
치명적이다

"교육은 노년을 대비하는 최고 비책이다."
_ 아리스토텔레스

평생 현역의 단짝은
평생 학습이다

사람은 꿈이 있어야 행복하다. 학습은 사람을 꿈꾸게 하고, 덤으로 일자리까지 연결될 확률을 높인다. 평생 학습이 누구나 꿈꾸는 시니어, 행복한 은퇴자를 만든다. 평생 학습이야말로 빨리 닥치고 더 길게 사는 '100세 쇼크'에 희망을 불어넣는 명약이다. 평생 현역으로 살기 위해서는 평생 학습이 절대적으로 필요하다.

교육은 인생에서 중요한 부분을 차지하며, 교육이 창출하는 소득을 훨씬 뛰어넘는 가치가 있다. 후반생을 준비하는 차원에서 학습은 전반생과 다르다. 무엇을 배워야 할까? 어떻게 학습해야 할까? 학습하기 전에 후반생의 가치와 방향을 정해야 체계적으로 준비할 수 있다.

퇴직자의 사회참여를 지원하는 프로젝트에서 대상자 선발 심사를 하다 보면 두 번 놀란다. 먼저 퇴직자의 스펙이 화려해서 놀란다. 자격증이 한두 개가 아니다. 자격증이란 자격증은 다 따둘 기세다. 다음은 취득한 자격증에 일관성이 없어서 놀란다. 자격증을 왜 땄는지 물으면 퇴직 후 일자리를 찾는 데 도움이 될까 싶어 닥치는 대로 땄다고 한다. 자격증이 많아도 일자리를 구하는 데 전혀 도움이 안 된다고 하소연한다. 이제 막 사회에 진출하는 청년이나 퇴직 후 일자리를 찾는 중·장년에게 자격증 취득은 일자리를 구하고 싶다는 간절함을 담은 노력의 징표다. 자격증 취득뿐만 아니라, 이 기관 저 기관 돌아다니며 비슷한 교육을 받는다.

현직에 있을 때 퇴직 후 할 일을 설계하고 학습해야 한다. 학습하기 전에 전문성과 흥미, 재능 차원에서 무엇을 배우고 싶은지 생각할 필요가 있다. 직업을 위한 배움, 취미를 위한 배움, 트렌드와 변화를 수용하는 배움 등 용도나 목적에 따라 내용과 방법이 다르다.

직업을 위한 배움에는 학위나 자격증을 취득하는 일이 해당한다. 비교적 장시간이 걸리고 비용이 든다. 나는 마흔넷에 석사 학위에 도전해서 마흔여섯에 MBA를, 쉰둘에 박사 학위에 도전해서 쉰여섯에 경영학 박사 학위를 취득했다. 코칭 자격을 따려고 코칭 교육과 실습을 했고, 한국코치협회

인증코치인 KAC를 취득했으며, 전문코치인 KPC 취득을 준비하고 있다. 이 밖에 KOCW대학공개강의 사이트에서 강의를 듣거나, 정부가 지원하는 무료교육 가운데 관심 있는 프로그램이 눈에 띄면 휴가나 토요일을 활용해서 적극적으로 참여했다.

취미를 위한 배움에는 그동안 직장인으로 가장으로 사느라 못 한 일, 배우고 싶었으나 여유가 없어서 못 한 일이 해당한다. 취미 활동은 좋아하는 일이라 즐기며 할 수 있고, 오래 하다 보면 전문성을 갖춰 병행 경력이 될 수도 있다. 나는 취미로 캘리그래피를 1년간 배웠다. 코로나-19 팬데믹 당시 중단했다가 7월부터 다시 배우려고 신청했다. 은퇴 후 멘토링이나 코칭 과정에서 만나는 이들에게 좋은 문구를 써주고, 여행하면서 남편이 찍은 사진에 짤막한 감상을 적어 부부의 작품을 만들고 싶다.

사람은 나이가 들면 자연스럽게 뇌도 노화가 진행된다. 2018년 컬럼비아대학교에서 연구한 바에 따르면, 새로운 취미는 나이 든 사람들의 인지력 강화에 효과가 높다. 두뇌를 건강하게 하고, 정신을 맑게 하며, 스트레스를 줄여주고, 자신감을 북돋우는 등 전반적으로 삶의 질을 높인다. 많은 은퇴자가 취미 없이 퇴직한 것을 후회한다고 한다. 건강하고 활기찬 삶에 도움이 되는 취미를 위한 배움에도 적극적으로 투자하자.

트렌드와 변화를 수용하는 배움에는 급격한 기술 발달에

적응하고, 변화한 기술을 활용하기 위한 일이 해당한다. AI 기술은 일상생활에 생각보다 많이 활용된다. 우리 삶을 어떻게 바꿔놓을지 예측하기도 어렵지만, 트렌드와 기술 발달에 관심을 쏟고 활용 기술을 배워야 한다.

학습이 없는 노후는 치명적이다

《100세 인생》을 쓴 앤드루 스콧은 100세 인생에서는 직업에 종사하는 기간이 길어지는 만큼 지금과 전혀 다른 교육체계가 필요하다고 말한다. 첫째, 교육은 지금처럼 직업 생활을 시작하기 전 단계에 집중되기보다 생애 전반에 걸쳐 실시해야 한다. 둘째, 늘어난 근로 기간과 빠른 기술 진보 등을 감안하면 개인이 보유한 기술은 단시간 내에 쓸모없는 것으로 전락할 가능성이 커서 'T 자형 학습'이 필요하다. T 자형 학습은 업무 역량을 확대하고 유연성을 확보하기 위해 처음에는 광범위한 기술을 습득하고, 나중에는 AI에 맞설 경쟁력을 갖추기 위해 심화한 특수 기술을 습득하는 것을 말한다. '중요한 것은 배우고 또 배우는 것이다.'

배움은 미래를 위한 값싼 투자다. 현직에 있을 때부터 자신의 관심 분야를 찾고 전문성을 기르는 일에 투자하라. 금리 3% 시대에는 은퇴 후 월급 100만 원이 예금 자산 3억 원의 가치가 있다. 현직에 있을 때 취미를 위한 배움에 투자하라. 돈으로 환산할 수 없는 가치가 있고 삶이 즐거워진다. 트렌드와 변화를 수용하는 학습에 투자하라. 시대에 뒤처지지 않는다. 학습이 없는 노후는 치명적이다. 노후 준비를 위해 돈을 저축하는 것 못지않게 전문성을 갖추고 취미를 기르는 일과 새로운 기술을 습득하는 배움에 투자하라. 100세 시대에 현명하게 살아가려면 평생 배워야 한다. 배우고 또 배우고 끊임없이 배워라.

앙코르 커리어를 준비하라

> "앞으로는 점점 더 자기 관리를 잘하는 사람이 세컨드 커리어를 가질 수 있다. 미래를 예측하는 가장 좋은 방법은 미래를 만드는 것이다."
> _ 피터 드러커

커리어 포트폴리오 시대가 온다

한 가지 일, 한 가지 직업으로 살아가는 시대는 끝났다. 과거에는 한두 회사에서 퇴직할 때까지 근무하거나, 회사를 옮겨도 한 업종에서 마치 사다리에 오르듯 한 단계씩 승진했다. 이제는 한 가지 직무로 평생 먹고살기 힘들다. 다양한 역량을 개발하고 경험을 쌓아서 어떤 능력이 필요할 때 이를 유연하게 조합하는 커리어 포트폴리오 시대다.

　세계 최고 경영 사상가 찰스 핸디는 오래전에 '커리어 포트폴리오 시대'가 오리라 예측했다. 커리어 포트폴리오에 직장 경력만 포함될까? 그렇지 않다. 커리어 포트폴리오 시대에는 생활이 대부분 일에 포함된다. 두 가지 혹은 그 이상의 영역에서 일하는 사람이 늘어나고 있다. 유튜버, 여행가, 댄서, 작가 등 다양한 공식·비공식 활동과 취미, 심지어 아르바이트 경험도 포함된다.

커리어 포트폴리오를 구축하기 위해 노력하는 사람은 현재 직업에 안주하지 않는다. 호기심을 가지고 풍부한 경험을 쌓고, 다양한 기술을 습득한다. 이렇게 습득한 기술을 직무에 필요한 기술에 창의적으로 연결하는 데도 숙련됐다. 이는 새로운 기회를 잡고 자신이 원하는 커리어 포트폴리오를 만드는 방법이다.

앙코르 커리어를 준비하라

당신은 후반생의 커리어를 전반생과 같은 일, 같은 방법으로 하고 싶은가? 아니 할 수 있는가? 의사나 변호사, 변리사 등 특수 전문직, 기술직을 제외하면 전반생의 직업을 후반생에 유지하기 어렵다. 자기 일과 경험, 공식·비공식 활동과 취미를 이용해 커리어 포트폴리오를 구축하면 평생 현역을 준비하고 실천하는 데 많은 도움이 된다.

50대가 되면 직장과 가정에 여러 가지 변화가 있다. 직장 생활은 자기 의사와 관계없이 지속하지 못하는 경우가 많다.

아직 유능하고, 다른 세대와 경쟁해도 뒤지지 않으며, 신체적 에너지 역시 활기찬데 은퇴 시계는 자꾸 빨라진다. 후반생 경력을 위한 준비가 선택이 아니라 필수인 까닭이다.

일자리에 대한 퇴직자의 욕구는 다양하다. 풀타임을 선호하는 사람이 있고, 파트타임을 선호하는 사람이 있다. 익숙한 일이나 전직을 활용한 일을 선호하는 사람이 있고, 새로운 일을 선호하는 사람이 있다. 경제적 수입 창출이 중요한 사람이 있고, 의미와 보람을 추구하며 사회적 기여가 중요한 사람이 있다.

퇴직자의 다양한 욕구에 비해 이를 충족할 일자리는 부족하다. 일자리 준비 없이 퇴직한 경우, 일자리를 찾는 과정이 어렵고 지속성도 떨어져 안타깝다. 현직에 있을 때 앙코르 커리어의 방향을 설정하고 준비하자. 앙코르 커리어는 미국 시빅벤처스 마크 프리드먼 대표가 《앙코르 : '오래 일하며 사는' 희망의 인생 설계》에서 처음 사용한 말이다. 은퇴 후 인생은 왕성하게 활동한 청춘 시절만큼 찬란하지 않지만, 여전히 환호받고 감동을 줄 수 있는 앙코르 무대와 같다는 의미다. 앙코르 커리어는 지속적인 수입원이 되고, 삶의 의미를 추구할 수 있으며, 사회적 영향력을 갖춘 인생 후반기의 일자리로 영리 목적이 아니라 공공의 사회적 의미와 영향력을 중요시한다.

앙코르 커리어를 만드는 3가지 방법

후반생 앙코르 커리어를 만드는 방법으로 커리어 메이킹, 커리어 체인징, 커리어 리사이클링이 있다.

1. 커리어 메이킹 : 취미를 직업으로 연결해 확장하는 방법이다. 장애인을 위한 사진관 '바라봄'의 나○○ 대표는 40대 중반에 퇴직해서 취미로 배운 사진을 앙코르 커리어로 활용, 비영리단체를 만들어 활동한다.
2. 커리어 체인징 : 설렘과 흥분이 있고 불확실성이 뒤따르지만, 이전과 다른 커리어를 개발하는 방법이다. 국내 굴지의 건설사에서 30년간 근무한 김○○ 씨는 2011년 퇴직했다. 앙코르 커리어는 좋아하는 일, 잘하는 일, 의미 있는 일을 찾아야 한다고 생각했다. 다양한 교육을 듣는 중에 자신이 강의에 재능이 있음을 발견했다. 1년 3개월 동안 철저한 준비를 거쳐 전직과 무관한 분야에서 강사로 활동하고 있다.
3. 커리어 리사이클링 : 그동안 쌓은 경험과 전문성을 이용해 다음 분야로 나가는 방법으로, 많은 퇴직자가 선호한다. 자신의 전문성과 경력 등을 활용해 프로보노(변호사를 선임할 여유가 없는 개인이나 단체에 보수를 받지 않고 법률 서비스를 제공하는 것) 활동을 한다거나, 중

소기업이나 비영리단체 등에서 자문하는 방법이 여기에 해당한다.

퇴직자 교육에서 만나는 분들은 하나같이 은퇴 후 길어진 시간에 대한 준비에서 돈보다 일이 중요하다며, 할 일을 준비하고 나오지 못했음을 아쉬워한다. 앞서간 사람들이 겪은 시행착오를 교훈 삼아 그 발자취를 살펴보면 답을 찾기 쉽다. 현역에 있을 때 후반생에 지향하는 가치와 일이 무엇인지, 위의 세 가지 중 어느 방법이 적합할지 탐색하고 준비하자. 그래야 퇴직 후 방황하고 낭비하는 시간을 줄이고 원하는 삶을 영위할 수 있다.

피터 드러커는 "앞으로는 점점 더 자기 관리를 잘하는 사람이 세컨드 커리어를 가질 수 있다. 미래를 예측하는 가장 좋은 방법은 미래를 만드는 것이다"라고 했다. 후반생 앙코르 커리어, 지금부터 계획하고 실천해 자신이 원하는 미래를 만들자. 그런 영역이 어디 있을까?

앙코르 커리어의
유망 영역을 눈여겨보라

기업에서 나온 퇴직자가 다시 기업의 일자리를 얻긴 어렵다. 일자리의 현실을 고려할 때 다른 방법으로 접근할 필요가 있다. 앙코르 커리어는 전업으로 활동한 인생 1막의 일자리와 달리 '적정 소득, 사회적 영향과 가치, 자아실현이 조화를 이루는 일자리'다. 그렇다면 기업에서 나온 퇴직자의 경험과 기술이 필요한 곳은 없을까? 우리나라보다 앞서 고령화를 겪은 미국은 퇴직자의 앙코르 커리어 유망 영역으로 비영리단체, 사회적 경제조직, 건강관리, 사회적 서비스(카운슬링, 코칭), 교육, 환경 관련 일자리를 제시했다.

1. 일자리 창출의 보고寶庫, 비영리단체를 눈여겨보자

비영리단체는 쉽게 말해 공익 목적을 달성하는 단체다. 정부와 기업의 활동을 감시하고 때로는 협력하며 시민의 자유와 권리를 옹호하는 중간 역할을 한다. 시민 역시 각 단체에 참가하거나 스스로 단체 혹은 그룹을 이뤄 공익 활동을 할 때 비영리단체가 형성된다.

일자리는 기업에만 있는 것이 아니다. 21세기는 비영리단체의 시대다. 비영리단체 세계는 블루 오션으로 "사회 공헌과 함께 적정 소득이 보장될 수 있는 일자리 창출의 거대한 보고"(《SERI 전망 2009》)라고 한다. 앙코르 커리어를 계획하는 사람들이 활동 영역을 찾고자 할 때 알아둘 영역이다. 기부금이나 회비, 지원금 등으로 목적 사업을 추진하다 보니 경제적 보상은 크지 않지만, 보람을 느끼는 영역에서 앙코르 커리어를 찾고 싶다면 비영리단체를 눈여겨보자.

비영리단체 분야 유망 일자리로는 기금 모금가, 개발 전문가, 보조금 신청서 작성자, 비영리단체 소셜 미디어 매니저, 비영리단체 임시 상임이사 등이 있다. 현직에 있을 때 관심 있는 비영리단체에서 자원봉사나 기부 활동을 하면서 퇴직 후 연결 고리를 찾는 것도 좋은 방법이다.

2. 사회적 경제조직을 눈여겨보자

사회적 경제는 사회문제를 해결하고 경제적·사회적 가치를 추구하는 새로운 영역으로 등장했다. 사회적 경제조직은 민간 기업이 접근하기엔 사업 규모가 작고, 정부가 직접 나서기엔 행정력이나 재원 등이 부족해 서비스를 못 하는 영역에서 사회문제를 비즈니스 방식으로 해결하는 조직이다.

사회적 경제조직으로는 사회문제를 해결해서 취약 계층의 일자리를 만들거나 취약 계층에게 서비스를 제공하는 사회적 기업, 재화나 용역의 구매와 생산, 판매, 제공 등을 협동으로 영위해 조합원의 권익을 향상하고 지역사회에 공헌하는 협동조합, 마을의 문제를 주민이 주도적으로 해결해 공동체 의식을 함양하고 공동체를 복원하는 데 도움이 되는 마을기업이 있다. 이와 같은 사회적 경제조직을 만들어 경영하는 방법과 이들 조직에서 기술이나 경영 자문 등으로 참여하며 앙코르 커리어를 개척하는 방법이 있다. 한국사회적기업진흥원 홈페이지를 통해 사회적 경제조직에 대한 온라인 교육을 수강하거나 프로보노 활동으로 이해도를 높일 수 있다.

평균수명은 길어졌는데 커리어 수명은 짧아졌다. 길든 짧든 여러 직업을 거치고 오래 일하는 시대다. 과거에는 자신이 몸담은 회사를 떠나면 대부분 일터와 영원히 작별했다. 이제 은퇴하면서 일을 떠날 준비가 아니라 일할 자유를 찾아가는 준비를 해야 한다. 미국의 은퇴 전문가 어니 젤린스키는 퇴직 후 행복하고 자유로운 삶에 대한 조언을 다룬 《은퇴 생활 백서》에서 "은퇴자가 추구할 재미있는 일은 지위, 권력, 수입, 승진 기회처럼 출세 가치를 걱정할 필요가 없는 직업이어야 한다"라고 말한다. 행복한 은퇴 생활을 위해서는 재무적인 기반 마련 못지않게 보람되고 즐길 수 있는 일거리 만들기도 중요하다. 100세 시대를 맞아 현역에 있을 때 자기만의 '앙코르 커리어'를 준비하자.

6.

은퇴를
활력 있게 하는
건강 자산이
필요해요

오십, 몸과 마음이 보내는 신호에 귀 기울일 때

은퇴에 필요한 건강 통장

20억 자산 효과에 맞먹는 건강 수명

건강하게 나이 먹는 10가지 방법

오십,
몸과 마음이
보내는 신호에
귀 기울일 때

"당신이 물질계에서 모든 일을 성취했어도
건강이나 마음의 평화를 잃으면 다른 성취에서
기쁨을 거의 혹은 전혀 얻지 못할 것이다."

_ 브라이언 트레이시

오십은
변화의 시기

공자가 '하늘의 명(뜻)을 알았다'는 오십에는 큰 변화나 마음의 동요 없이 그동안 뿌리고 가꾼 열매를 슬슬 거두면 되는 줄 알았다. 아니다. 오십은 변화의 시기다. 직장, 자녀, 신체적·정신적으로 많은 변화를 경험한다. 50대에 접어들면서 겪는 삶의 고비와 변화는 때로 고통을 수반하고, 도전을 요구하기도 한다. 이런 시기일수록 자신이 무엇을 향해 나가는지, 어디로 가는지 진지한 성찰이 필요하다.

내 나이 오십은 갑작스럽게 닥친 경제적 어려움으로 정신을 차리기 어려울 만큼 혼돈 그 자체였다. 호르몬의 변화에서 오는 갱년기 증상을 챙길 여유조차 없었다. 100세 시대임을 고려하면 겨우 반환점을 돈 시점인데, 몸과 마음이 잠시 쉬었다 가라는 듯 여러 가지 신호를 보낸다. 오십은 몸과 마음이 보내는 신호에 귀 기울이고, 그에 반응해서 이후 50년을 대비해야 하는 시기다.

오십,
몸이 보내는 신호

오십 들어 친구를 만나면 여기저기 아픈 곳과 건강식품이 주요 화제다. 삶의 경험과 지혜를 기반으로 지평을 넓히며 살아야 한다고 생각했는데, 마음과 달리 몸이 말을 듣지 않으니 안타깝다. 신체 여기저기 나타나는 변화로 건강에 대한 경각심이 생기고, 관리가 필요함을 실감한다.

몸은 50대에 어떤 신호를 보낼까? 내게 처음 나타난 몸의 변화는 혈압과 콜레스테롤이다. 격년으로 받는 건강검진에서 120/80mmHg로 일정하던 혈압이 140/90mmHg로 바뀌었다. 고혈압과 쌍으로 다니는 콜레스테롤도 LDL콜레스테롤 수치가 높았다. 다음 변화는 관절 통증이다. 혈압은 높아도 당장 고통이 없으나, 손가락과 손목, 어깨, 무릎 등 관절은 번갈아 아프다고 소리친다. 병원에 가면 너무 많이 써서 그렇다고 잘 다스리며 사는 수밖에 없다고 한다.

50대에 몸이 보내는 신호는 개인차가 있지만, 일반적으로 근육량과 유연성 감소, 대사 속도 저하 등이다. 여성은 폐경과 함께 갱년기가 와서 남성보다 몸이 보내는 신호가 많다.

오십,
마음이 보내는 신호

몸이 보내는 신호는 직접적이라 알아차리기 쉽지만, 마음의 변화에서 오는 신호는 알아차리기 어렵다. 스트레스를 받지 않고 살 순 없다. 나쁜 일이나 좋은 일, 심지어 지루한 상황까지 스트레스가 된다. 적절한 스트레스는 긴장감을 주고 집중력을 높여 일이 지지부진하지 않게 하는 효과가 있으나, 심한 스트레스와 만성적인 스트레스는 정신적·신체적 자원을 고갈시킨다. 스트레스는 긍정적 결과를 일으키는 유스트레스eustress와 부정적인 결과를 일으키는 디스트레스distress로 나뉜다. 오십에 겪는 디스트레스는 어떤 것이 있을까?

- 자녀의 진학·취업·결혼 문제 : 자녀가 대학에 진학하거나 취업이나 결혼을 해서 독립하는 시기이다 보니 이런 일이 순조롭게 풀리지 않으면 스트레스가 된다.
- 신체 능력 저하 문제 : 체력 저하에서 오는 우울함, 특히 여성은 갱년기우울증이란 말이 있을 정도로 신체적 변

화에서 오는 스트레스가 심각하다.
- 퇴직 스트레스 : 직장을 떠나야 하는 시기에 퇴직 스트레스도 만만치 않다. 더군다나 퇴직 후 할 일을 고민하느라 스트레스 강도가 다소 높다.
- 노후 준비 부담에서 오는 스트레스 : 평균수명이 길어졌는데 직업 정년은 짧다. 자식 교육하고 부모 부양하느라 노후 준비를 못 한 경우, 압박감은 말할 수 없는 고통으로 다가온다.

50대에 공통으로 겪는 스트레스 요인을 몇 가지 열거했다. 배우자와 사이가 좋지 않으면 부부 갈등에서 오는 스트레스가 더해질 테고, 직장에서 인간관계 문제로 갈등을 겪는다면 이 또한 심한 스트레스 요인일 수밖에 없다.

오십, 몸과 마음이 보내는 신호에
귀 기울이고 답할 때

오십에 나타나는 신체적 변화는 자연스러운 노화 과정이다. 순리대로 받아들이되, 주요 신체적 변화인 근육량과 유연성 감소, 대사 속도 저하에 관심을 두고 적극적으로 관리해야 한다. 관리하기 위해서는 측정이 필요하고, 건강검진이 그 역할을 한다. 건강검진만 정기적으로 해도 신체적 변화를 조기에 발견하고 적절히 관리할 수 있다.

신체적 변화는 마음에도 영향을 미쳐 스트레스, 우울감 등 부정적인 정서가 증폭된다. 해리 J. 존슨은 "건강의 비밀은 몸에 가해지는 스트레스를 성공적으로 조절하는 데 있다"고 했다. 자신을 성찰하고 돌봐 마음을 챙기자. 긍정적인 마음가짐과 자기 관리, 주변 사람들과 원활한 소통이 필요하다.

몸과 마음은 밀접하게 연결된다. 몸이 건강해야 마음도 건강하고, 마음이 건강하면 몸도 건강할 수 있다. 데비 햄튼은 "마음을 잘 돌봐라. 몸이 고마워할 것이다. 몸을 돌보면 마음이 감사할 것이다"라고 했다. 오십에 몸과 마음이 보내는 신호에 귀 기울이자. 그 신호에 맞춰 몸과 마음을 돌봐야 한다.

후반생을 제대로 살기 위해서는 쉬어 가는 '호흡'이 필요하다. 50대에 몸과 마음이 겪는 변화를 자연스러운 과정으로 받아들이고 긍정적으로 해석하자. 그동안 열심히 달리느라 지친 몸과 마음에 물을 줘, 후반생을 잘 살아가라는 신호로 인식하자.

이제 알겠다. 오십에 왜 몸과 마음의 변화가 여기저기서 나타나는지….

은퇴에 필요한 건강 통장

"대다수 사람은 부를 얻기 위해 열심히 일하고
건강을 소비한다. 그리고 나서 은퇴하고
건강을 되찾기 위해 재산을 사용한다."

_ 케빈 지아니

건강 통장을 채우는
5가지 관리 요령

행복한 노후 생활을 위해 가장 중요한 것은 무엇일까? 각자 가치관과 살아온 환경에 따라 다르지만, 우리나라 사람은 대부분 행복한 노후 생활의 첫째 조건으로 경제적 안정, 다음으로 건강을 꼽는다. 경제적 안정과 건강은 어느 게 더 중요하다고 할 수 없을 만큼 행복한 노후 생활에 필요충분조건인데, 100세 시대에는 아무래도 건강이 제일이다.

나이와 건강은 반비례한다. 나이 들면 몸이 여기저기 삐거덕거리지만, 어떻게 관리하느냐에 따라 건강 통장 잔고가 부족하지 않으면서, 오래 쓸 수 있다. TV를 보면 80~90세가 넘어서 여전히 활동하는 연예인이 있고, 주변에도 70~80대에 활기차게 생활하는 사람이 많다. 이들의 공통점은 건강하다는 것이다.

세계보건기구WHO는 "건강이란 단순히 질병이 없거나 허약하지 않은 것뿐만 아니라, 신체적·정신적·사회적으로 완전히 역동적인 상태에 놓인 것"이라고 정의한다. 건강은 복합적이다. 신체적 건강만 잘 관리한다고 건강한 것이 아니다. 정신적·사회적으로도 완전히 행복을 누릴 수 있는 상태를 유지해야 한다.

평균수명이 늘고 건강 상태도 예전보다 좋아졌다고 하지만, 50대부터 신체의 여러 기능이 두드러지게 저하된다. 건강도 포트폴리오 측면에서 잘 관리해야 행복한 노후를 보낼 수 있다. 행복의 원천, 건강 통장에 무엇을 담아야 할까? 다음은 전문가들이 공통으로 강조하는 건강관리 수칙 중 다섯 가지 요령이다.

1. 규칙적으로 운동하는 습관
심혈관 운동과 근력 운동을 꾸준히 하면 신체 기능을 유지하고 대사를 촉진할 수 있다.

2. 건강한 식습관
채소와 과일, 견과류 등 신선하고 다양한 식품을 적절히 조절해 영양소를 균형 있게 섭취하면 면역력을 강화하고 만성질환을 예방하는 데 도움이 된다. 컬러풀한 음식은 두뇌 건강과 면역력 향상에 좋다.

3. 스트레스 관리
스트레스는 만병의 근원이다. 명상과 요가, 규칙적인 휴식으로 스트레스를 적절히 관리하라. 매사 느긋하고 편안한 마음가짐이 중요하다.

4. 정기적인 건강검진
혈압과 혈당, 콜레스테롤 수치 등은 건강의 바로미터다. 건강검진으로 대사 질병을 조기에 발견하고 예방할 수 있다. 정기적으로 검진하고 건강관리에 주의하라.

5. 적절한 휴식과 수면
충분한 휴식과 규칙적인 수면은 신체 피로 회복에 도움이 되고, 정신적인 안정을 준다. 하루 7~8시간 자되, 수면의 질을 관리하면 혈압과 혈당을 조절할 수 있다고 한다. 충분한 휴식을 취하고, 수면의 질에 신경 써라.

　건강은 건강할 때 지켜야 한다는 말은 아무리 강조해도 지나치지 않다. 젊을 때 젊음의 소중함을 모르듯이 건강도 마찬가지다. 몸과 마음에 이상이 나타난 뒤에야 소중함을 알게 된다. 건강을 지키고 관리하는 일은 기본이다. 규칙적인 운동과 올바른 식단으로 균형 잡힌 영양을 섭취하면 신체 기능을 최적화해서 노화의 영향을 최소화하는 데 도움이 된다. 적절한 수면과 스트레스 관리 등 건강한 생활 습관은 고혈압, 당뇨, 심장병 같은 만성질환 예방에 효과적이다. 잘 먹고, 잘 움직이고, 잘 자야 건강 통장의 잔고를 유지할 수 있다. 무엇이든 기본에 충실해야 한다.

건강은
유리구슬 같다

지난해 연말, 회사에 남아 글을 쓰는데 지인들과 송년회를 한다던 남편이 8시 반쯤 집에 들어간다고 연락했다. 송년회라면 자정을 넘기는 날이 다반사여서 약속이 취소됐느냐고 물으니, 벌써 마치고 대리운전 기사를 불러 8시 40분이면 집에 도착한단다. 부랴부랴 마무리하고 들어가서 왜 이렇게 빨리 끝났느냐고 물었다. 암에 걸린 친구와 당뇨로 인슐린 주사를 맞아야 하는 친구가 술을 못 마셔서, 친구들 밥 먹는 속도에 맞춰 간단히 마시고 왔다고 한다. 친구들이 여기저기 아프니 마음이 좋지 않다며, 돈 많고 집값 비싼 동네에 사는 게 무슨 소용이냐고 건강을 잘 챙기자고 한다.

   건강은 유리구슬 같아, 한번 깨지면 회복하기 어렵다. 하고 싶은 일을 하고, 가고 싶은 곳에 가고, 먹고 싶은 것을 먹는 게 행복이다. 건강해야 그 기쁨도 행복도 누릴 수 있다. 앙리 F. 아미엘은 "건강이 있는 곳에 자유가 있으며, 건강은 모든 자유 중에서 으뜸"이라고 했다. 노후 준비라고 하면 경제적 자유부터 떠올리지만, 경제적으로 아무리 풍요로워도 건강하지 않으면 소용없다. 다섯 가지 건강관리 요령을 잘 지키고, 건강 통장 잔고가 바닥나지 않도록 꾸준히 관리하며 부족한 부분은 채우자. 그래야 장수가 주는 또 다른 기쁨을 누리며 행복하게 살 수 있다. 건강은 가장 큰 부와 행복의 원천임을 마음에 새기자.

20억 자산 효과에 맞먹는 건강 수명

"건강은 우리가 살 수 있는 것이 아니다.
그러나 매우 귀중한 저축 계좌가 될 수 있다."

_ 앤 윌슨 셰프

평균수명보다 중요한
건강 수명을 늘려라

100세 시대 현대인에게 나이 들어 무엇이 가장 중요한지 물으면 십중팔구는 건강을 꼽는다. 이에 이의를 제기할 사람은 없을 것이다. 1960년 52.4세에 불과하던 우리나라 국민의 평균수명은 1990년 71.4세, 2023년 83.6세로 빠르게 늘어났다. 하지만 평균수명보다 건강 수명이 중요하다.

건강 수명은 '기대 수명에서 질병이나 장애가 있는 기간을 제외한 수명'을 말한다. 신체적·정신적으로 특별한 이상 없이 건강하게 사는 기간이 어느 정도인지 나타내다 보니 삶의 질과 밀접한 관련이 있다. 기대 수명이 양적인 측면에서 건강 수준을 보여주는 지표라면, 건강 수명은 질적인 측면에서 건강 수준을 보여주는 지표다. 기대 수명이 증가해 오래 살지만, 건강하지 않은 상태로 기대 수명이 늘어나는 것과 건강하게 오래 사는 것은 개인과 사회에 미치는 영향이 매우 다르다. 기대 수명이 증가함에 따라 건강 수명도 꾸준히 늘어나지만, 기대 수명이 증가했다고 그 사회의 건강 수준이 좋아졌다고 말할 순 없다.

선진국에서는 건강 수명을 평균수명보다 훨씬 중요하게 생각한다. 선진국이 아니라도 100세 시대에 산다면 건강 수명을 늘려야 편안한 노후를 기대할 수 있다. 아무리 돈이 많아도 건강하지 않으면 소용없다. 건강 수명이 중요하다고도 하고 70대 이후 건강하면 성공한 인생이라는데, 우리나라 국민의 건강 수명은 몇 세일까?

2023년 기준 한국인의 평균수명은 83.6세, 건강 수명은 73.1세다. 10년 이상 병원 신세를 지고 살아야 한다는 얘기다. 오래 살면 아무래도 여기저기 아파서 병원을 들락거리게 마련이다. 100세 시대에 아픈 몸으로 20~30년을 살면 자신도 고통스럽지만, 함께 사는 가족에게 못 할 노릇이다. 몇 년 전 친구 어머님이 돌아가셔서 조문하러 갔다. 20년 넘게 병 치레하고 마지막 몇 년은 식물인간으로 지내다가 연명 치료를 중단하기로 가족이 합의해서 94세에 돌아가셨다고 했다. 그 얘기를 들으니 건강관리 소홀히 해서 노후에 자식에게 짐이 될까 두려웠다.

건강은 건강할 때 지켜야 한다는데, 알면서도 자꾸 눕고 싶고 쉬고 싶은 유혹에 빠진다. 친구 어머님 장례식장에 다녀와서 그동안 내 몸과 마음에 무심했음을 자각하고, 자식에게 민폐 끼치지 않도록 건강관리를 시작했다. 때로는 두려움이 동기부여가 되는 모양이다. 내 건강보다 자식에게 짐이 되지 말자는 생각이 강한 자극이 되니 말이다.

20억 자산 효과, 건강 수명 늘리기

어떻게 해야 할까? 우선 장수가 아니라 건강 장수가 중요하다는 인식이 필요하다. 중요하다는 인식을 해야 건강관리를 위한 행동에 돌입할 수 있다. 건강은 행복한 삶을 누리는 데 필수 요소다. 머리로는 아는데 실천하기 쉽지 않다. 젊은 시절에는 건강해서 건강의 중요성을 잘 모른다. 나이가 들고 건강에 적신호가 들어오면 그제야 신경 쓴다.

    나도 50대 후반 들어서 건강에 신경 쓰고 관리하기 시작했다. 관리의 기본은 측정이다. 건강관리는 건강검진에서 비롯된다. 이전에 무심코 넘기던 건강검진 결과에 주목했다. 남편은 혈압이 정상이지만 콜레스테롤은 약간 높고, 나는 혈압과 콜레스테롤이 기준치를 약간 넘었다. 그나마 심한 상태는 아니라 다행이었다. 힘든 일을 겪고 있던 때라 그런지, 재산을 잃으면 조금 잃은 것이고 건강을 잃으면 다 잃은 것이란 말이 위안이 됐다. 셀프 부양을 선언한 뒤에는 건강 수명 늘리기가 중요한 가치가 됐다. 건강할 때 관리해야 100세 시대에 장수가 주는 즐거움을 누리며 살 수 있다.

어니 젤린스키는 《은퇴 생활 백서》에서 다음과 같이 말한다. "건강을 당연하게 받아들이지 말아라. 대체로 건강을 잃기 전에는 건강에 대해 감사할 줄 모르는 법이다. 물론 평생 건강하다면 바랄 나위가 없을 것이다. 하지만 건강할 때 그 건강을 유지할 수 있는 일들을 적어도 세 가지 정도는 매일 의식적으로 행하라."

사람들이 아파봐야 건강의 소중함을 깨닫는데, 건강할 때 건강을 지키라는 조언이다. 나는 생활 속에서 건강관리를 위한 실천으로 걷기, 스쾃, 명상과 감사하는 마음을 선택해서 관리하고 있다.

1. 걷기를 통한 건강관리

연초마다 새해 계획을 세운다. 2019년 새해 계획의 주요 항목에 건강관리를 넣었다. 그때부터 2년 넘게 1만 보 걷기를 실천했다. 상황에 따라 건너뛰어도 되는데, 눈이 온 날 연구 포럼 모임을 하고 밤중에 퇴근해서 옷도 갈아입지 않고 1만 보를 걸었다. 눈길에 미끄러지지 않으려고 긴장한데다, 왼쪽 무릎이 아프니 오른쪽에 하중이 실렸는지 다음 날 아침 오른쪽 다리에 통증이 심해 움직일 수가 없었다. 통증 치료가 끝

날 때까지 1만 보 걷기는 중단했다. 이후 1만 보 걷기는 되도록 지키되, 지킬 수 없는 날은 7000보를 걸었다.

운동에는 저축이 없다는 점이 안타깝다. 어제 2만 보를 걷고 오늘 걷지 않으면 평균 1만 보가 아니다. 매일 꾸준히 운동해야 건강을 제대로 관리할 수 있다. 매일 걷기를 실천하니 무릎관절이 아프지 않고, 밤에 가슴을 조이는 듯한 통증도 없어졌다.

걷기는 돈 없이 건강을 지키는 최고의 비법이다. 최근에 걷기의 중요성을 다룬 기사를 자주 접한다. 하루 1만 보를 걸으면 건강에 좋다 하고, 허리춤에 만보기를 차고 다닌 시절이 있었다. 만보기를 팔려는 상술이지만, 걷기를 실천하게 한 고마운 마케팅이다. 이후 하루 7000보만 걸어도 되고, 그 이상 걷는다고 크게 영향을 주지 않는다는 연구 결과가 발표됐으니 자기 상황에 맞게 걸으면 된다.

토머스 제퍼슨은 최고의 운동은 걷기라고, 멀리 걷기를 습관화하라고 했다. 요즘은 쾌적한 환경에서 걸을 수 있도록 지자체가 산책로와 둘레길 등을 정비하고, 건강의 중요성을 인식하면서 걷기를 생활화하는 사람이 늘고 있다. 걸으면 캐시 포인트를 지급하거나 기부하는 애플리케이션이 있어 걷는 데 동기부여가 되고 기부할 수도 있다. 1만 보 걷기로 건강이 제자리를 찾고, 돈 벌고, 기부까지 했으니 걷기 효과를 톡톡히 본 셈이다.

돈 들이지 않고 몸과 마음을 지켜주는 걷기를 실천하자.

1만 보를 걸으려면 약 한 시간 반이 필요하다. 바쁜 직장인이 생활 속에서 1만 보 걷기는 쉽지 않다. 출퇴근 시간과 점심시간을 활용해서 하루 5000보라도 걸어보자.

2. 근육 관리를 통한 건강관리

근육이 얼마나 중요한지 방송에서 연일 알려준다. 나이 들면 특히 근육 관리를 잘해야 한다며 '근육 연금'이라는 말로 중요성을 강조한다. 우리 몸에서 근육은 일정 나이가 지나면 감소한다고 한다. 건강한 20~30대는 체중의 30~40%가 근육인데, 30대 이후 해마다 0.5~1%씩 줄어 60~70대에는 근육량이 체중의 15~25%가 된다.

근육량은 그동안 눈에 보이지 않고 측정할 수도 없었지만, 기술과 의학이 발달함에 따라 조사하면 다 나오는 세상이다. 관리할 것이 점점 많아져 가끔은 피곤하다. 친구 모임에 가도 건강 이야기가 단골 메뉴고, 근력 운동까지 거론되는 걸 보면 방송의 힘이 대단하다.

근감소증이 불러오는 건강상의 문제와 예방법을 살펴보자.

첫째, 근육량 감소는 근력과 신체 기능을 떨어뜨린다. 방치하면 낙상과 골절로 이어져 위험하고, 일상생활 기능을 유지하기 힘들어져 다양한 합병증을 동반한다.

둘째, 근육량이 감소하면 당뇨와 암, 뇌졸중 등 질병을 이겨내는 힘이 약해진다. 대사 질환과 심혈관 질환 발병 위험도 커진다.

셋째, 근감소증은 치료제가 없어서 평소 근육량과 근력을 지키는 노력이 필요하다. 근육의 질과 양을 늘리는 근력 강화 운동으로 근육을 단련하고, 단백질을 보충해야 한다.

치료제가 없다는 말은 건강할 때부터 관심을 두고 꾸준히 관리해야 한다는 말이다. 근감소증의 치료제가 없다는 사실을 알고 나서 단백질 보충제 먹기, 걷기와 스쾃, 다리 옆으로 올리기 같은 하체 근육 단련 운동을 하고 있다. 아직 효과를 체감하진 못하지만, '꾸준히'의 힘을 믿고 지속한다.

3. 스트레스 관리를 통한 건강관리

50대에는 퇴직, 자녀 교육과 결혼, 노후 준비 등 여러 가지 이슈가 스트레스의 주범으로 등장한다. 여성이라면 갱년기 몸의 변화도 한몫한다. 스트레스는 정도가 다를 뿐, 누구나 있다. 어떻게 받아들이고 해석하느냐가 관건이다.

2013년부터 불안, 불면, 답답함, 열기, 가슴 두근거림, 잠잘 때 가슴 조임 등 여러 가지 증상이 나타났다. 잠자다가 죽어도 이상하지 않을 만큼 심장이 조였다.

스트레스 관리에는 규칙적인 수면과 운동, 양질의 식사, 주변 사람들과 대화, 취미 생활 등이 중요하다고 한다. 스트레스의 원인과 정도, 대처법은 개인에 따라 다르다. 어떤 사람은 먹는 것으로 해소하기도 하고, 수다로 풀기도 한다. 나는 스트레스 받으면 음악을 틀어놓고 청소하고, 집 안 가구 배치를 바꾸거나 책 정리를 하고, 밖으로 나가서 걷는 등 주로

움직이는 방법으로 해소한다. 청소하고 걷는 동안 생각도 정리돼서 좋다. 당시에는 강도 높고 지속적인 스트레스가 반복돼 매일 걷기와 독서, 기도, 긍정 확언, 취미 생활 등 다양한 방법으로 관리했다.

날마다 "이 또한 지나가리라. 돈은 잃었어도 건강은 잃지 않았으니 다행이다. 아직 일할 수 있으니 복구할 수 있다"와 같은 긍정 확언을 하면서 걷고, 노래를 듣고 걸으면서 흥얼거렸다. 매일 독서하면서 많은 사람의 인생을 접했고, 한 번도 만나보지 못한 사람들에게서 위로와 위안을 받았다. 캘리그래피 배우기, 하루 여행 같은 취미와 여가 활동이 놓친 마음을 돌보는 데 도움이 됐다.

힘들 때 신을 찾는다던가. 냉담 중이던 성당에 매일 새벽 미사를 다녀와서 출근했다. 5년을 빠짐없이 다녔으나 간절히 바라고 바란 것은 하나도 이뤄지지 않았다. 말도 안 되는 것을 소원한 모양이다. 이사한 동네 성당은 새벽 미사가 없어 중단했다.

앉아서 머리 싸매고 걱정한다고 해결되지 않는 일임을 알기에 걷고, 배우고, 긍정적으로 생각하다 보니 덜 힘들게 보냈다. 그 시절에는 나를 토닥거리지 못하고 꾸역꾸역 살았는데, 지금 돌아보면 내가 참 기특하다.

스트레스는 적응하기 어려운 환경에 처할 때 느끼는 심리적·신체적 긴장 상태로, 지나친 스트레스는 만병의 근원이다. 스트레스 상태가 지속되면 심장병이나 위궤양, 고혈압

등 신체적 질환을 일으키고 불면증이나 노이로제, 우울증 같은 심리적 부적응이 나타나기도 한다. 스트레스는 왜 준다는 말은 없고 받는다는 말만 쓸까? 스트레스를 준다는 말을 들어본 적 없으니 준 사람은 모른다. 받은 사람 몫이고 어떻게 대처하느냐는 문제만 남는다. 그러니 스트레스에 효과적으로 대처하고 관리하는 방법을 찾아 건강을 해치지 않도록 신경 쓰자.

하버드대학교 조지 베일런트 교수는 《행복의 조건》에서 행복하게 오래 산 부부를 대상으로 70년간 진행한 종단 연구 결과를 제시했다. 행복의 일곱 가지 조건은 고통에 대응하는 성숙한 방어기제, 교육, 안정된 결혼 생활, 금연, 금주, 운동, 알맞은 체중으로 나타났다. 교육과 안정된 결혼 생활을 제외한 다섯 가지가 건강 관련 항목이다. 건강이 행복에 직접적인 영향을 미치는 요인임을 보여주는 결과다.

100세 시대 건강 수명 늘리기는 나를 위해, 자녀를 위해, 더 나아가 국가를 위해 좋은 일이다. 건강 수명만 잘 관리해도 20억 부자의 효과가 있다고 한다. 얼마 전 TV 프로그램 〈어쩌다 어른〉에서 정희원 교수는 "노년에 실질적인 부자로 살려면 돈 나가는 구멍과 돈 들어오는 구석을 관리해야 한다"며 건강관리에서 이기는 게임의 중요성에 대해 말했다. 건강관리에서 지는 사람은 실손 보험에 가입하고 병원을 자주 이용하고 연말정산 환급을 쥐꼬리만큼 받으며, 이기는 사람은 병원을 이용하지 않아 의료비 지출이 줄고 건강한 몸과 마음을 지켜 의료비와 간병비에서 해방돼 자산을 20억 원이나 형성한 효과를 볼 수 있다는 것이다.

행복한 삶을 원한다면 건강 수명의 중요성을 다시 한번 상기하고, 조지 베일런트 교수가 말한 행복의 조건 중 건강 관련 다섯 가지 항목을 잘 관리하며 일상에서 꾸준히 실천하자. 20억 자산가의 효과를 누릴 수 있다.

노쇠 예방 7대 수칙
'건강 가화만사성'

100세 시대가 되고 보니 '건강하게 나이 들기'에 관심이 높아지고 있다. 2020년 아주대학교의료원 예방의학교실 이윤환 교수팀이 과학적 근거를 기반으로 '노쇠 예방 7대 수칙'을 발표했다. 7대 수칙의 첫 글자를 따서 일명 '건강 가화만사성'으로 불린다.

1. 건강하게 마음 다스리기 : 매사에 긍정적인 마음가짐을 갖고, 우울 증상이나 외로움 등 심리적 어려움이 있는 경우 전문가의 도움을 받는다.
2. 강한 치아 만들기 : 칫솔질을 비롯해 구강위생 관리를 철저히 하고, 정기적으로 치과 검진을 받는다.

3. 가려 먹지 말고 충분히 식사하기 : 평소 다양한 음식(생선, 과일, 채소, 유제품, 살코기 등)을 골고루, 충분히 섭취한다.
4. 화를 높이는 담배 멀리하기 : 흡연은 노쇠 발생 위험을 2.9배 높이니 금연한다.
5. 만성질환 관리하기 : 의사에게 정기적으로 만성질환(고혈압, 당뇨, 관절염 등) 관리를 받고, 복용하는 약물 가운데 중복되거나 불필요한 것은 없는지 평가를 받는다.
6. 사람들과 자주 어울리기 : 친구·이웃과 자주 만나고, 부부가 서로 건강을 챙기고 관리한다.
7. 성실하게 운동하기 : 근력·유산소·균형 운동을 포함한 다양한 운동을 규칙적으로 한다.

신규 사업이나 프로젝트를 진행할 때 사업 콘셉트를 반영한 네이밍을 중요하게 생각하는 편인데, '건강 가화만사성'은 기가 막힌 네이밍이다. 나는 어떤 상태인지 점검하니 건강 가화만사성 중에 네 가지(건, 강, 화, 사)는 '상'에 해당한다.

1. 건강하게 마음 다스리기 : 매사에 긍정적인 마음가짐을 갖고, 아침저녁에 명상하면서 편안한 마음으로 산다.
2. 강한 치아 만들기 : 구강위생 관리를 철저히 하고, 분기마다 치과 검진을 받는다.
4. 화를 높이는 담배 멀리하기 : 해당 사항 없다.

6. 사람들과 자주 어울리기 : 친구·자매와 자주 만나고, 1만 보 걷기와 둘레길 걷기 등 부부가 서로 건강을 챙겨주고 관리한다.

건강 가화만사성 중에 세 가지(가, 만, 성)는 '중'에 해당한다. 다행히 '하'는 없다.

3. 가려 먹지 말고 충분히 식사하기 : 다양한 음식을 골고루 충분히 섭취해야 하지만, 생선을 못 먹는다.
5. 만성질환 관리하기 : 경계성 고혈압에 무릎관절이 다소 약하지만, 따로 복용하는 약은 없다.
7. 성실하게 운동하기 : 유산소운동은 매일 규칙적으로 하지만, 근력 운동은 취약하다.

이윤환 교수는 연구 결과를 발표하면서 희망적인 메시지를 전했다. "나이가 든다고 다 노쇠해지는 것은 아니다. 노화는 피할 수 없지만, 노쇠는 예방이 가능하다. 젊은 시절부터 건강한 생활 습관을 유지하고 만성질환을 잘 관리하면 충분히 예방할 수 있다." 건강관리에도 시간과 투자가 필요하다. 건강 가화만사성을 잘 지키면 건강을 관리하고 가화만사성도 이룰 수 있으니, 후반생 좌우명으로 삼아도 손색없겠다.

건강하게 나이 먹는 10가지 방법

"진짜 부는 건강이지 금은이 아니다."
_ 마하트마 간디

최고 자산은 건강

많은 사람이 건강보다 재물을 얻으려고 애쓰고 노력한다. 돈이면 건강도 살 기세다. 건강은 돈으로 살 수 없다는 것을 멀리는 세계적인 갑부의 죽음을 보면서, 가까이는 지인의 죽음을 보면서 깨닫는다. 요즘 내게 최고 가치는 건강이다. 건강만 한 복도 없다는 생각이 드는 걸 보면 나이 먹었다는 증거다. 건강하게 나이 들기 위해 무엇을, 구체적으로 어떻게 해야 할까?

최근 미국질병통제예방센터CDC와 피츠버그대학교가 공동으로 '건강하게 나이 들기 위한 10가지 방법'을 발표하고, 미국국립보건원NIH 산하 국립노화연구소NIA가 '건강한 노화'에 관한 자료를 내놓았다. 이를 바탕으로 건강하게 나이 먹는 10가지 방법을 알아보자.

1. 움직여라

WHO는 적당한 운동이 심장 질환에 따른 사망률을 20~25% 줄인다고 밝혔다. 보스턴대학교는 100세 이상 장수하는 노인 가운데 상당수가 2~3층에 살고, 빨래와 청소 등을 직접 한다는 연구 결과를 발표했다. 걷기, 계단 오르기, 정원 가꾸기, 청소하기는 부상이 적으면서 적당한 운동 효과가 있다. 운동 중 노래 부르기는 힘들어도 말할 수 있는 정도가 좋은 운동 강도다.

2. 근육을 단련하라

NIH는 여성 노인 50%와 남성 노인 25%가 골다공증에 따른 골절을 겪는다고 했다. 엉덩이뼈가 골절된 노인 50%는 정상적인 생활을 영위할 수 없다. 노년 건강의 키워드는 근육이다. 근육량은 65세에 25~35%, 80세에 40% 이상 감소해 일상생활을 위한 기본 체력까지 상실하는 경우가 많다. 기운이 없어지면서 균형 감각이 떨어지고 거동이 힘들어지는 신체적 노쇠 상태가 된다. 근육을 단련하기 위해서는 단백질과 칼슘을 충분히 섭취한다.

3. 충분한 영양을 섭취하라

노인이 사망하는 주원인이 영양 결핍과 저체중이다. NIA에 따르면 곡류, 어육류, 채소, 우유, 과일을 매일 섭취해야 한다. 특히 노인에게 가장 부족한 영양소는 비타민 $A \cdot B_2$, 칼슘이다. 포화지방, 소금, 설탕, 술 등은 주의해야 한다.

4. 금연하라

NIH에 따르면 평생 흡연한 사람 50%는 흡연 관련 질환으로 사망한다. 한 연구 결과, 특별한 질병이 없는 건강한 중년 남녀가 75세까지 생존하는 데 영향을 미치는 가장 중요한 인자가 흡연 여부다. 담배를 끊으면 숨을 쉬기 편하고 기침이 줄며, 활기찬 생활이 가능하다. 또 약을 줄일 수 있고, 맛을 잘 느끼며, 냄새를 잘 맡는다.

5. 만성질환을 관리하라

65세 이상 노인의 사망 원인 중 약 40%가 심혈관 질환이다. 심혈관 질환의 주원인은 고혈압과 당뇨다. 고혈압과 당뇨는 심장병, 뇌졸중, 최근 노년기 삶의 질에 가장 큰 영향을 미치는 치매와도 관련이 있다. 워싱턴대학교에서 치매를 앓거나 인지능력이 감소한 남녀 노인의 뇌를 검사한 결과, 1/3 정도가 고혈압이나 당뇨에 따른 '미니 뇌졸중'이 발생하면서 뇌의 미세 혈관이 손상된 것으로 확인됐다.

6. 약 먹는 이유를 질문하라

노인은 여러 질환을 앓는 경우가 많아, 약물의 동시 처방이 흔하다. 이 때문에 약물의 이상 반응이나 상호작용이 일어날 가능성이 크다. 관절염 환자에게 주로 쓰는 비스테로이드성 소염·진통제는 위궤양과 위출혈 등을 유발할 수 있는데, 65세가 넘은 관절염 환자 40% 이상이 위장관 합병증이 있어도 이 약을 계속 복용했다. 일반 의약품을 복용하고 있다면 의사에게 알리고, 의사 처방을 받는 경우 약의 이름과 효과, 자신이 그 약을 왜 먹어야 하는지 질문해야 한다.

7. 잠이 보약이다

노인들은 하룻밤에 7~9시간 자야 한다. 잠을 제대로 못 자면 짜증을 내거나 잘 잊어버리거나 우울하거나 넘어지거나 사고가 나기 쉽다. 최근 미국 의학 전문지 《내과 기록Archives of Internal Medicine》에 따르면 혈압이 높은 노인 1255명(평균연령 70.4세)을 50개월간 추적 조사한 결과, 하루에 7.5시간 이하로 자는 노인은 이보다 오래 자는 노인에 비해 심장마비와 뇌졸중 등 심혈관 질환 발생률이 4.4배 높았다. 낮에 햇볕을 충분히 쬐고, 잘 때는 불을 완전히 꺼야 한다.

8. 공부하라

하버드대학교 성인발달연구소가 빈민가 청소년과 하버드 졸업생을 사망할 때까지 추적 관찰한 결과, 같이 건강하게 나이 들었어도 빈민가 출신이 하버드 졸업생보다 50세 이후 사망률이 높았다. 가장 중요한 원인은 '교육'이다. 교육받은 사람이 건강하게 나이 들기 위한 금연, 절주, 운동, 영양 등을 더 잘 조절할 수 있기 때문이다.

9. 배우자·친구 관계를 유지하라

미국알츠하이머병협회AA에 따르면, 친구 관계가 좋고 배우자가 있는 사람이 그렇지 않은 사람보다 뇌 질환 발병률이 낮았다. 영국 런던대학교 정신과 길 리빙스턴 교수는 치매 환자를 대상으로 연구한 결과, 삶의 질에 가장 중요한 원인은 인간관계라고 밝혔다. 대화 상대나 의지할 사람이 있으면 두뇌 활동과 면역 체계가 활성화되기 때문이다.

10. 우울증을 극복하라

우울증은 삶의 질을 떨어뜨리는 대표적인 질병이다. NIA에 따르면 노인 15~25%는 일상생활에 지장을 받는 우울증을 앓는다. 어쩌다 우울하다고 느끼는 것은 자연스럽지만, 우울한 상태가 2주 이상 지속되고 그 때문에 일이나 가정, 사회적 관계가 영향을 받으면 전문가를 만나야 한다. 우울증은 약과 상담 등으로 70~80% 이상 호전된다.

나의
건강관리 지침 10

아는 것과 행하는 것은 별개다. 알아도 실천하지 않으면 모르는 거다. 잘 알면서도 안 되는 것이 건강관리다. 100세 시대 건강 장수가 얼마나 중요한지 인식해야 한다. 건강은 제일 중요하게 관리해야 할 영역이다. 앞에서 본 건강하게 나이 먹는 10가지 방법을 토대로 내 건강관리 지침을 정했다.

자신만의 건강관리 지침이 있는가? 건강하게 나이 먹는 10가지 방법을 기초로 건강관리 지침을 만들어 실행하자.

하다사병원의 요람 마라비 박사는 〈월스트리트저널〉 인터뷰에서 밝혔다. "당신은 여기저기 돈을 투자합니다. 하지만 당신이 할 수 있는 가장 큰 투자는 바로 건강에 투자하는 것입니다. 당신이 의미 있는 일을 찾는 데 노력을 기울인다면 그만큼 오래 살 수 있을 것입니다." 건강에 투자하려면 건강이 얼마나 중요한지 알아야 한다. 중요성을 깨닫지 못하면 건강관리는 후순위로 밀려나고, 건강을 잃고야 후회하고 관리를 시작한다. 사후 약방문이다.

펜실베이니아대학교 노화연구소 존 트로자노스키 소장은 "신체의 모든 부위를 계속 움직이고 다른 사람들과 활발하게 관계를 맺을수록 건강이 좋아진다"고 말했다. 나이 들어서도 배우고, 다른 사람들과 긍정적인 교류를 이어가는 것이 건강관리에 중요하다. 노후 준비에 가장 큰 투자인 건강을 잘 관리하는 것만으로 20억 자산 효과가 있다. 자신만의 건강관리 지침을 만들어 실행하자.

CDC와 NIA가 제시한 건강하게 나이 먹는 10가지 방법	나의 건강관리 지침 10
움직여라	하루 1만 보 이상 걷기
근육을 단련하라	스쾃 하기, 단백질 음식(우유, 두부, 달걀 등) 먹기
충분한 영양을 섭취하라	채소 · 과일 · 단백질 섭취하기, 제철 재료 중심으로 컬러풀한 음식 먹기
금연하라	간접흡연 줄이기
만성질환을 관리하라	혈압 측정하기, 운동으로 관리하기, 혈관에 도움이 되는 식품 먹기
약 먹는 이유를 질문하라	처방받은 약에 대해 반드시 이유를 묻고, 처방전 보관하기
잠이 보약이다	하루 수면 7시간(23~6시) 지키기, 명상하기
공부하라	책 읽기, 교육 수강 등 평생 공부하기
배우자 · 친구 관계를 유지하라	역지사지하기, 서로 존중하고 대화하기, 소확행 하기, 먼저 안부 묻기
우울증을 극복하라	감사 일기 쓰기, 긍정적인 생각으로 하루를 시작하고 마무리하기, 비교하지 말기

?

은퇴를
앞당기는
좋은 습관이
필요해요

인생을 바꾸는 것은 결국 좋은 습관

뿌린 대로 거둔다는 수확의 법칙

미루기 병 금지

'하겠다'를 '했다'로 바꿔주는 공개 선언의 묘미

버리고 사는 습관

인생을 바꾸는 것은 결국 좋은 습관

"인생 후반부는
전반부에 얻은 습관으로 이뤄진다."
_ 표도르 도스토옙스키

이기는 습관

기업의 성과는 첫째도 사람, 둘째도 사람, 셋째도 사람의 몫이다. 우수한 인재를 많이 보유한 기업이 성과가 좋다는 말이다. 직장에서 기업 대출 심사, 강의와 컨설팅 일을 하며 많은 사람을 만났다. 성공하는 사람과 그렇지 못한 사람, 성장하는 사람과 그렇지 못한 사람은 목표가 뚜렷하고 그 목표를 달성하기에 좋은 습관이 많은가 아닌가로 나뉜다는 생각이 든다.

좋은 습관을 얼마나 지녔는가? 습관은 '일상적으로 반복되는 과정에서 저절로 익혀진 행동 방식'이다. 습관에서 습習은 '익히다'라는 뜻으로, 새가 날갯짓을 100번 해야 날 수 있다는 의미가 담긴 한자다. 어떤 행동을 수없이 반복하고 연습해야 노력하지 않고도 루틴으로 자리 잡는다.

  무엇을 이루고자 어떤 목표를 세웠다면 가장 먼저 낡은 습관을 버려야 한다. 다음으로 목표를 이루기에 좋은 습관을 들여 지속해야 한다. 목표를 세우고도 작심삼일로 끝내거나 미루거나 포기한 적이 있는가? 몇 년 전부터 은퇴에 대비한 목표를 세우고도 계속 이듬해로 미뤄온 것이 '퇴직 전에 책 한 권 내기'다. 곰곰이 생각하니 게을러서가 아니라 낡은 습관을 버리고 목표를 이루는 데 필요한 노력과 좋은 습관을 지속하지 않아서다.

  보도 섀퍼는《이기는 습관》에서 실패하는 사람은 재능과 노력이 부족해서가 아니라 습관을 들이는 데 필요한 자기 통제력이 뒷받침되지 않아서라고 밝혔다. 계획은 탁월하나 실행력이 저조해서 성공하지 못한다는 말이다.

  무슨 일을 해야 할지 알면서도 실행하지 않고, 실행하다 중간에 그만두고, 철저한 자기 통제력을 동반한 좋은 습관을 들이지 못해서 책 쓰기를 '언젠가'로 미뤘다. 이기는 습관으로 미뤄둔 목표를 마무리하겠다고 다짐하고 얻은 결과물이 바로 이 책이다. 언젠가는 없다. 지금 바로 시작해야 결과를 만들어낼 수 있다.

아름답게 나이 들기, 이기는 습관 5가지

이기는 습관의 위력을 알고 나서 목표가 생기면 실천할 것을 적어보고, 그중에 습관으로 만들 것이 무엇인지 ERRC 도구를 활용해 따져봤다. ERRC는 김위찬 교수와 르네 모보르뉴 교수가 개발한 '블루 오션 전략'의 핵심 프레임워크로 사용하는 두 가지 전략 도구 중 하나다. 전략 캔버스를 통해 현재 시장 상황에서 경쟁자들과 나의 요소별 강점과 약점을 파악하고 어떤 분야를 공략할지 분석한 다음, ERRC 프레임워크를 적용해 구체적으로 제거·축소할 영역과 강화·창조할 영역을 도출하는 전략 도구다. Eliminate(제거), Raise(강화), Reduce(축소), Create(창조)의 약자를 따서 ERRC라고 한다. 전략을 세울 때나 어떤 목표를 수립하고 달성하기 위한 실천 전략으로 습관을 리모델링할 때 유용하다.

　은퇴를 준비하면서 책 쓰기, 자격증 취득하기, 체력 관리하기 등 목표를 달성하기 위해 ERRC 도구를 활용해 습관을 리모델링하기로 했다.

- Eliminate(제거) : 없음
- Raise(강화) : 글쓰기, 운동, 독서, 걷기
- Reduce(축소) : TV 시청 시간, 스트레스
- Create(창조) : 감사 일기, 명상, 블로그 포스팅

나는 은퇴 후에도 평생 현역이고, 내 직업은 공부하는 사람이다. 은퇴 이전의 공부가 지식에 대한 갈증을 해소하는 전공 위주였다면, 이후는 사람과 삶에 관한 공부를 많이 할 계획이다. 배워서 남 주는 공부다. 나이 들수록 더 배우고 겸손하며 나눌 줄 아는 지혜로운 사람이 되고 싶다. 그러기 위해서는 몸과 마음이 건강해야 한다.

우아하게 나이 들기 위해 ERRC를 도출한 다음 매일 루틴으로 삼은 습관은 독서, 운동, 쓰기, 명상, 감사다.

1. 매일 독서 : 독서는 내 스승이다.
2. 매일 운동 : 운동에는 저축이 없다.
3. 매일 쓰기 : 기록이 돈이 된다.
4. 매일 명상 : 마음의 평화가 제일 중요하다.
5. 매일 감사 : 감사가 뇌를 바꾼다.

후반생에 꾸준히 가져갈 다섯 가지 좋은 습관(매일 독서, 매일 운동, 매일 쓰기, 매일 명상, 매일 감사)은 거저 생긴 것이 아니다. 절박했기에 결핍을 채우려고 부단히 노력한 끝에 얻은 습관이다. 습관에 질질 끌려다니다가 어느 순간 습관으로 자리 잡으면 습관이 삶의 일부가 돼서 나를 이끈다. 좋은 습관 덕분에 어둡고 긴 터널에서 헤맨 시간을 지혜롭게 건너왔고, 오래 일할 수 있는 여건을 만들었다. 행복한 오늘을 보내고 앞으로도 든든한 자산으로 나를 지켜주리라 생각한다.

당신은 좋은 습관이 얼마나 많은가? 당신의 인생을 바꾸는 좋은 습관을 들이자.

감사가
뇌를 바꾼다

감사는 작은 결심에서 시작된 습관이다. 돈이 들지 않고 행복하니 가성비도 좋다. TV에서 '나·작·지(나부터, 작은 것부터, 지금부터) 감사' 운동을 벌이는 사람 이야기를 본 적이 있다. 핵심은 감사가 뇌를 바꾼다는 것이다. 감사하는 마음으로 살면 행복해진다고 한다. 감사하는 마음을 품으면 뇌가 변하고 삶도 달라질 수 있다는 사실이 의학적으로 증명됐다고 한다.

그날부터 작은 일도 감사하며 살자고 하루 이틀 나·작·지 감사를 실천했다. 그러나 오래 이어지지 않았다. 머릿속의 지우개처럼 까맣게 잊었다가 지난해 봄, 글감을 찾다가 나·작·지 감사에 관한 메모를 발견했다. 감사하는 마음을 품는 것도 좋지만 중단하기 쉬우니 감사 일기를 쓰기로 했다. 하루에 세 가지 이상 감사하기를 실천하는 방법이다. 전 같으면 이게 무슨 감사할 일인가 싶었는데, 의외로 감사할 일이 많다. 매일 감사 일기를 쓰다 보니 가진 게 많아서라기보다 주어진 상황이 감사하고, 감사하다고 생각하니 행복도가 높아진다. 나의 뇌 구조도 바뀌었을까 궁금하다.

로버트 에먼스Robert A. Emmons와 마이클 매컬러Michael E. McCullough가 쓴《The Psychology of Gratitude감사의 심리학》에 따르면, 감사의 표현이 우울증을 줄이고 삶의 만족도를 높이는 등 정신 건강에 좋고, 긍정적인 감정을 촉진하는 데 도움이 된다. 알렉스 우드Alex M. Wood와 스티븐 조지프Stephen Joseph, 존 몰트비John Maltby는 〈Gratitude predicts psychological well-being above the Big Five facets5가지 주요 측면을 넘어 심리적 안녕을 예언하는 감사〉라는 논문에서 감사의 표현이 혈압을 낮추고 면역 기능을 강화하는 등 건강에 긍정적인 영향을 미친다는 연구 결과를 발표했다. 감사는 대인 관계를 강화하고 친밀감을 증진하며, 일상적인 스트레스 대처 방식으로도 효과적이라고 한다.

데일 카네기는《자기 관리론》에서 "감사는 길러지는 것임을 기억하라. 아이들이 감사하는 사람으로 자라길 원한다면 그렇게 가르쳐야 한다"고 했다. 아이를 행복하게 키우고 싶다면 감사의 말을 자주 하라. 세상에서 가장 행복한 사람은 가장 많이 소유한 사람이 아니라 가장 많이 감사하는 사람이다.

매일 생활에서 감사하는 마음을 실천하자.

1. 매일 아침 일어나 그날이 선물이라 생각하고 감사하라.
2. 하루 동안 일어난 좋은 일이나 받은 은혜를 기록하고 되새겨라.

3. 주변 사람에게 칭찬과 격려를 아끼지 말고 진심으로 감사하라.
4. 자신의 장점과 강점을 인정하고 자신을 사랑하라.
5. 어려운 상황이나 문제에 직면했을 때도 배울 점이나 성장할 기회가 있다고 생각하라.
6. 감사 일기를 써라.

자신에게 감사하는 순간을 찾는 것으로 내면의 평화와 자기애를 키울 수 있다. 자신에게도 감사를 표현하는 것이 중요하다. 이런 간단한 습관을 들이면 감사하는 마음은 일상에 자연스럽게 스며들어 삶의 질 향상에 도움이 된다.

좋은 습관 만들기

"인간은 자신의 미래를 결정하지 않는다. 인간은 단지 자신의 습관을 결정하며, 이 습관이 인간의 미래를 결정한다." 좋은 습관이 더 빠른 성공과 원하는 삶을 가능케 한다는 것을 알지만, 습관은 들이기도 버리기도 어렵다. 어지간한 결심이 아니면 작심삼일로 끝나기 일쑤다. 지난해 퇴직을 앞두고 독서와 1만 보 걷기에 좋은 습관 세 가지를 더했다. 난도로 보면 상중하 하나씩이고, 1년 이상 꾸준히 하고 있다.

습관 1. 스트레칭

소요 시간 : 아침저녁 각 10분

성취 목표 : 몸 건강

난도 : 하

아침에 일어나면 침대에서 간단한 스트레칭을 한다. 스트레칭은 밤새 굳은 근육을 풀어주고 느슨해진 근육을 활성화한다. 잠자리에 들기 전에도 아침과 같은 스트레칭을 한다.

습관 2. 나·작·지 감사 일기

소요 시간 : 5분

성취 목표 : 마음 건강

난도 : 중

매일 성찰의 시간을 갖는다. 감사할 일을 세 가지 이상 찾아 적고, 감사한 마음으로 하루를 마무리한다.

습관 3. 매일 글쓰기

소요 시간 : 60분 이상

성취 목표 : 출간

난도 : 상

출간을 목표로 매일 아침 한 시간 이상 글을 쓴다. 가장 중요한 일을 먼저 해야 하는데, 다른 일부터 하느라 우선순위에서 밀려난 글쓰기를 아침 첫 시간으로 바꿨다.

세 가지를 실천하다 보니 처음엔 어설프고 가능할까 싶었는데, 어느새 습관이 됐다. 매일 글쓰기는 출간의 기초가 된 습관이다. 퇴직 전에 사내 뉴스 레터 인터뷰를 했다. 퇴직 후 오전 8시에는 무슨 일을 하고 있을지 궁금하다는 질문에 글을 쓰고 있을 것이라고 답했다. 내 루틴이기에 지금도 오전 8시에 글쓰기로 시작한다. 모든 일이 그렇듯 처음이 어렵지, 한번 좋은 습관 들이기에 성공하면 다음은 쉽다.

 독서와 운동, 글쓰기는 살아가는 데 강력한 무기를 마련하는 습관이다. 명상과 감사는 마음에 평화를 주고 행복한 생활을 가능케 한다.

뿌린 대로
거둔다는
수확의 법칙

"눈물과 땀은 모두 짜지만,
눈물은 동정심을 낳고, 땀은 변화를 낳는다."
_ 제시 잭슨

수확의 법칙

나는 수확의 법칙 신봉론자다. 열매를 맺으려면 씨를 뿌려야 하고, 그 전에 밭을 갈아둬야 한다. 씨를 뿌리고 가꿔야 원하는 열매를 맺고, 설사 열매를 맺지 못해도 씨는 뿌려야 한다는 지론으로 살아왔다. 때로는 나쁜 씨앗이나 불필요한 싹을 제거하면서.

불안의 온상인 걱정의 씨앗은 대부분 버리고 살아서 딱히 걱정도 없는데, 잠을 못 이루고 뒤척이다가 일어나 책상에 앉는다. '왜 잠이 안 올까? 아, 남편이 친구들 만나 술 마시고 좀 전에 들어왔지….' 가끔 미래가 불안하거나 다짐이 필요하면 전에 끄적거린 메모를 봤다. 2021년 11월 22일에 쓴 '수확의 법칙'이란 메모가 눈에 들어왔다.

수확의 법칙

2년 뒤 퇴사를 위해 나는 무슨 씨앗을 심고 있나?
좋은 씨앗, 적합한 씨앗을 제때 잘 뿌리고 있나?
지금 내가 뿌리는 씨앗이 때가 되어 열매를 맺는다.
그러니 터를 닦고 밭을 갈고 열심히 씨앗을 뿌리자.

뿌리고 가꿔야 할 씨앗 10가지

1. 코치 자격 취득
2. 책 쓰기
3. 블로그 하기
4. 캘리그래피 배우기
5. 하루 한 시간 걷기
6. 재정적 다이어트
7. 브런치 작가 준비
8. 기타 배우기
9. 감사 일기 쓰기
10. 아침 일기 쓰기

2년 전 메모한 '뿌리고 가꿔야 할 씨앗 10가지'를 어느 정도 실천했는지 점검했다.

1. KAC 인증코치 자격을 취득했고, KPC 전문코치 자격을 준비 중이다.
2. 원고를 마무리했고 투고 준비 중이다.
3. 2023년 3월 22일 이후 매일 쓴 글과 감사 일기를 블로그에 올리고 있다.
4. 1년 배우다가 코로나-19로 중단, 최근에 다시 시작했다.
5. 2년간 1만 보 걷기를 실천하고, 이후 7000보로 줄여서 한 시간 걷기로 실천 중이다.
6. 더할 수 없을 정도로 허리띠를 졸라매고 살았다. 이제 여행과 하고 싶은 일에 투자하며 즐겁게 살면 된다.
7. 그야말로 준비 상태. 우선순위에서 밀려 퇴직 후 도전하기로 했다.
8. 늘 우선순위에서 밀려나, 리스트에서 지우고 우쿨렐레로 관심을 돌려볼까 한다.
9. 생각날 때 쓰다가 2023년 3월 31일부터 꾸준히 쓰고 있다.
10. 2023년 3월 22일부터 매일 아침 글쓰기와 감사 일기로 대신하고 있다.

씨앗 10가지를 잘 뿌리고 가꿔왔는지 스스로 평가한다. 100%는 아니지만 나름 잘해왔으니 칭찬한다. 씨 뿌리지 않고 거둘 수 있는 열매는 없다. 뿌린 씨앗이라고 다 싹이 나지 않으니 더 많이 뿌리고, 잘 가꿔야 한다. 봄에 씨를 뿌리지 않으면 가을에 거둘 곡식이 없다. 자연의법칙에서 얻는 인생

교훈이다.

사람들은 오늘보다 나은 미래를 원한다. 아인슈타인은 "어제와 똑같이 살면서 다른 미래를 기대하는 것은 정신병 초기 증세다"라고 말했다. 소망이 있다면 어제와 다른 오늘을 살아야 한다. 지금 실행에 옮기자.

건강한 노후, 배우는 노후, 즐거운 노후, 나누는 노후를 꿈꾸며 스트레칭, 감사 일기, 글쓰기, 독서, 걷기 등으로 좋은 습관의 씨앗을 뿌리고 가꾼다. 어떤 열매인지 알 수 없지만, 반드시 맺고 거둘 것이다.

작가 로버트 콜리어는 "성공은 매일매일 반복하는 작은 노력의 합"이라고 했다. 좋은 습관을 위해 날마다 반복하는 당신의 노력이 어느 날 예기치 않은 성공으로 데려다줄지 누가 아는가? 삶을 풍요롭게 해줄 좋은 습관의 씨앗을 뿌리고 가꾸자.

미루기 병 금지

"일을 오늘 하지 않고 내일로 미루기 시작하면
결국 시대에 뒤떨어진다. 많은 사람이 자신에게
주어진 기회를 잡지 못하는 것은 오늘 일을
내일로 미루기 때문이다."

_ 새뮤얼 스마일스

중요하다면서
왜 미룰까?

해야 하는데, 해야지… 하면서도 못 하고 미룬 적이 있는가? 하다가 중단한 적이 있는가? "계획은 미루라고 있는 거야. 어떻게 계획을 다 실천하니?" 계획을 세우고 실행하는 데 철두철미한 사람은 너무 비인간적이라고 말하는 친구가 있다. 그렇다고 비인간적일 것까지야…. 직원들이 "오늘 내가 할 일을 내일의 나에게 맡기고 퇴근해요"라며 퇴근한다. 오늘 일을 내일로 미룬다는 뉘앙스가 있다. '어차피 내가 할 일이니 내일 하면 되지 뭐'라고 생각하겠지?

　미루기는 계획이나 할 일과 연관이 있다. 많은 사람이 새해 첫날이면 계획을 세운다. 그해 이루고 싶은 소망이나 해야 할 일을 담아서. 연말에 확인하면 얼마나 실천했을까? 15년 전부터 해마다 12월 중순이면 한 해를 정리하고 이듬해 계획을 세우는데, 4년째 미루기와 중단하기를 이어오는 한 가지가 있다. 마음속 결심까지 합하면 7년째다.

바로 책 쓰기다. 2018년 연말에 목표로 삼았으니 4년째 미룬 셈이다. 핑계 없는 무덤이 없다고 해마다 책 쓰기를 미룬 그럴듯한 핑계가 생겼다. 첫해는 건강검진 결과 적신호가 나타나면서 건강을 해치면서까지 할 일은 없다고 생각했다. 그 무렵 11년간 영국 공무원 약 7100명을 조사한 결과, 습관적인 야근이 생명에 위협을 줄 수 있고 하루에 11시간 이상 근무한 사람은 심장 질환에 걸릴 가능성이 67%나 높았다는 글을 봤다.

당시 나는 회사 일, 대학원 강의 준비, 운영 교수 활동 등으로 하루에 12시간 넘게 책상 앞에 있었다. 거기에 책 쓰기 계획까지 얹으니 14시간 정도 앉아 일해야 하는데, 밤마다 심장이 조이는 증상이 있어 겁도 난 상태였다. 글을 보고 나서 12시간 이상 의자에 앉아 지내는 생활 패턴을 바꿔야겠다는 생각이 들었다. 책 쓰기가 중요하지만 급한 일은 아니고, 아무리 중요해도 건강과 바꿀 정도는 아니었다. 그럴싸한 핑계다. 1만 보 걷기에 집중하고 산으로 들로 놀러 다녔다. 놀아보니 그렇게 좋을 수가 없었다. 덕분에 무릎관절과 혈압이 좋아졌다.

이듬해(2020년)는 코로나-19로 경기가 좋지 않았다. 사회적 거리 두기 영향으로 소상공인이 휘청거렸고, 저신용층은 돈줄이 막혀 생활 자금조차 빌리기 어려운 구조였다. 이런 금융 소외 문제를 해결하기 위해 한 지자체에서 극저신용자를 대상으로 50만~300만 원 소액 대출 사업을 추진했는데, 우리 기관도 참여하게 됐다. 단기 사업이라 생각하고 TF로 꾸렸건만 초기 3개월은 밤샘과 야근이 기본이고, 야근은 연말까지 이어졌다. 집은 잠자는 곳이 됐다. "집에 다녀오겠습니다" 하고 퇴근하고, 출근해서는 "집에 다녀왔습니다" 했다.

개인적인 일은 셧다운 상태고, 2020년 계획인 책 쓰기는 보기 좋게 물 건너갔다. 도서 시장 트렌드가 바뀌고, 그동안 내가 쓰려고 한 분야에 책도 많이 나왔을 텐데 포기해야 하나 싶었다. 30권 넘게 읽고 정리한 자료, 10년간 퇴직 지원 관련 사업과 내 경험도 그냥 묻어버리기엔 아까웠다. 무엇보다 노후를 체계적으로 준비하지 못하거나 재정적 준비에 초점을 맞추는 사람들에게 비재무적인 준비의 중요성과 노후를 편안하고 활기차게 보낼 방법을 알려주고 싶었다.

2022년 계획에 다시 넣었다. 상반기는 KAC 인증코치 자격 취득, 하반기는 책 쓰기로. 상반기 목표는 달성했고, 내친김에 KPC 전문코치 자격을 취득하려고 하반기 목표를 변경했다. 책 쓰기는 2023년으로 넘어갔다. 일의 우선순위를 따져봤다. 책 쓰기는 가장 중요하고 시간도 오래 걸려서 더 미루면 안 되는 일이고, KPC 전문코치 자격은 덜 중요하고 급한 일도 아니었다. 중요한 일부터 해야 한다고 떠들면서 덜 중요한 일을 먼저 하는 나를 발견했다. 책 쓰기를 최우선으로 목표를 수정하고 집중했다.

미루기 금지

왜 중요한 일을 미룰까. 쉬운 일부터 해서? 결과가 빨리 나오는 일부터 해서? 급한 일부터 해서? 의지가 박약해서? 일의 우선순위가 잘못됐거나 우선순위를 매기지 않고 일해서, 우선순위는 제대로 정했는데 중요한 일 대신 급한 일부터 처리해서, 역량이 부족하거나 실행하기 버거워서일 수도 있다. 내 경우 우선순위 문제가 컸고, 우선순위를 정했어도 다른 일부터 해서다. 우선순위를 매길 때 기준이 있다.

1. 중요하면서도 급한 일
2. 중요하지만 급하지 않은 일
3. 중요하지 않지만 급한 일
4. 중요하지도 급하지도 않은 일

어떤 일부터 해야 할까? 많은 사람이 1 → 3 → 2 → 4 순으로 한다. 2는 자신의 미래 가치와 연결되는 일일 가능성이 높으니 가장 먼저 처리하는 습관을 들이라고 한다. 2를 먼저 처리하다 보면 1은 발생할 확률이 낮아지기 때문이다. 4는 다른 사람에게 위임하거나 미뤄야 한다. 내게는 책 쓰기가 2에 해당하는 일인데, 미루다 보니 1이 됐다.

미루기 금지다. 미룰 거면 마음이라도 편하게 할 일 목록에 넣지 말자. 아마존 제프 베이조스 회장은 1997년 주주들에게 보낸 서한에 "One day or day one, you decide(언젠가 할지 오늘부터 바로 할지는 당신이 결정하라)"라고 썼다. 결정할 주체는 자신이다. '내일부터, 나중에' 대신 '오늘부터 당장' 시작하는 습관을 들이고, 하루의 시작에 가장 소중한 일을 하자. 하고 싶은 일이 있는가? 지금 시작하라. 내일, 다음 주, 다음 달부터 시작하면 그만큼 실행 가능성이 낮아진다. '나중에'는 '평생 한 번도 못 하고'와 같은 말이다.

얼마 전 TV 프로그램 〈어쩌다 어른〉에서 시작이 어렵고 행동이 느린 사람 이야기가 나왔다. "당장 시작하지 않는 사람이 다음 주에 시작할 확률은 8%밖에 안 된다. 그래서 시작이 반이 아니라 시작이 92%다." 모 기업의 광고 문구 'Just do it(그냥 시작하라)'에서 do(시작하는 행동) 말고 just(그냥)에 방점을 찍으라는 말이 굉장히 인상적이었다.

결과에 상관없이 시작하고 안 하고는 차이가 꽤 크다. 꾸물대지 말자. '지금 그리고 여기(here and now)'에 집중하고, 당장 시작하라(Just do it).

'하겠다'를 '했다'로 바꿔주는 공개 선언의 묘미

"사람은 말이나 글로 결심을 공개하면
더 잘 지키는 경향이 있다."

_ 스티븐 헤이스

목표를 이루려면
공개 선언하라

누구나 성장을 꿈꾸며 살아간다. 오늘보다 나은 내일을, 올해보다 나은 내년을 기대한다. 더 나은 미래를 만들기 위해 책을 읽겠다거나, 더 멋진 내 모습을 위해 다이어트를 하겠다거나, 더 건강한 나를 위해 날마다 열심히 운동하겠다는 계획을 세우기도 한다. 계획은 실행하라고 있는 것인데 어떤 계획은 실행하고, 어떤 계획은 중단하고, 아예 시작도 못 한 채 마음에 품고 있다가 어느새 계획마저 지워버리는 경우가 종종 있다.

하고 싶은 일, 도전하고 싶은 과제가 있으면 '언젠가'로 미루지 말고 지금 시작하자. 공개 선언은 시작한 일을 실현하게 해주는 좋은 방법이다. 자기 생각이나 목표를 타인에게 공개하면 끝까지 고수하려는 경향이 있는데, 이를 '공개 선언 효과public commitment effect'라고 한다.

심리학자 스티븐 헤이스는 대학생을 세 집단으로 나누고, 목표 공개 여부와 그에 따른 성적의 변화를 알아보는 실험을 했다. 첫 번째 집단은 자기가 받고 싶은 목표 점수를 다른 학생들에게 공개하도록 했다. 두 번째 집단은 목표 점수를 마음속으로 생각하게 하고, 세 번째 집단은 목표 점수에 대해 아무 요청도 하지 않았다. 실험 결과, 목표 점수를 공개한 집단이 다른 두 집단보다 현저히 높은 점수를 받았다.

이처럼 목표 공개는 실행력을 강화하고 의미 있는 결과로 나타난다. 목표를 공개하면 달성 확률이 높아질 뿐만 아니라, 생각지 않은 기회가 창출되기도 한다. 다른 사람에게 결심을 공개적으로 선언하면 번복하기 어려운 까닭이 뭘까? 첫째, 말이 행동을 결정하기 때문이다. 둘째, 부정적인 평가를 받고 싶지 않기 때문이다. 셋째, 스트레스를 줄일 수 있기 때문이다. 다른 사람에게 결심을 공개하면 목표 달성에 도움이 되는 또 다른 까닭이 있다. 목표를 실천하기 어려워 포기하고 싶을 때, 이 결심을 아는 친구나 가족에게 도움을 받을 수 있기 때문이다.

시오노 나나미는 1992년부터 2006년까지 《로마인 이야기》를 해마다 한 권씩(총 15권) 펴내겠다고 공개 선언한 뒤 그 약속을 지켰다. 나는 이루고 싶은 일이나 도전하고 싶은 과제가 있으면 가깝게는 가족과 동료, 멀게는 페이스북에 공개 선언한다. 나 혼자 한 약속은 지켜도 그만, 지키지 않아도 그만이지만 공개 선언한 약속은 지켜야 하기 때문이다. 공개 선언은 실행하게 하는 힘, 목표를 반드시 이루게 하는 강력한 힘이 있다.

공개 선언의 효과

수년 전 건강검진 결과를 받은 뒤, 달고 짜고 매운 음식은 먹지 않아 혈압을 낮추겠다고 다짐했다. 평생 현역을 실천하기 위한 준비로 책을 쓰겠다고 결심했다. 처음 얼마간은 잘 지키다가도 은근슬쩍 미루거나 중단했다. 늘 그럴듯한 이유나 핑계가 있었다. 간절히 원한다면서도 오늘 일을 내일로, 올해 일을 내년으로 미루는 나를 보며 이래선 안 되겠다 싶었다. 언제부턴가 반드시 해야겠다고 생각하면 그 계획을 공개적으로 선언한다. 남 앞에서 공공연히 밝히면 하지 않을 수가 없기에, 강제 저축하듯이 계획을 행동으로 옮기고 목표를 이루려고 선택한 방법이다.

공개 선언은 '하겠다'를 '했다'로 바꿔주는 묘미가 있다. 최근 5년간 공개 선언해서 지킨 약속은 매일 1만 보 걷기, 매일 글쓰기와 감사 일기 쓰기, 출간 등이다.

  첫 번째, 매일 1만 보 걷기는 관절염과 혈압 관리를 위해 시작했다. 2019년 직원들에게 1만 보 걷기를 공개 선언했다. 가끔 "이사님, 요즘도 만 보 걷기 하세요?" 묻는다. "그럼, 하고 있지!"라며 스마트폰 배경화면으로 설정한 애플리케이션의 숫자를 보여준다. 2년을 꼬박 하루도 거르지 않고 1만 보 이상 걸었다. 공개 선언하지 않았으면 지키지 못했을지도 모른다. 2년 좀 지나서 다리 인대에 문제가 생겨 두 달쯤 중단했다가 다시 실천하고 있다.

  두 번째, 매일 글쓰기와 감사 일기 쓰기는 가능할까 싶어 도전이 두려웠지만, 꼭 해내고 싶은 과제였기에 공개 선언했다. 글쓰기는 커뮤니티 활동을 하면서 100일 챌린지로 시작했는데, 이후 동력이 필요해서 페이스북에 100일 결과를 올리며 직원들에게도 알렸다. 감사 일기는 커뮤니티에 감사 일기를 주제로 글을 쓰니 멤버들도 따라 해보겠다고 했고, 공개 선언 후 지금까지 하고 있다.

  세 번째, 출간은 3년째 단골 새해 목표였다. 더 늦추면 안 될 것 같아 가족과 동료에게 퇴직하는 때에 맞춰 책을 쓰고 출간하겠다고 선언했다. 공개 선언하지 않았으면 이 책이 세상에 나오지 못했을 수도 있다.

  혼자 실천하면 되지 요란하게 공개할 필요가 있느냐고? 처음엔 괜히 시끄럽게 하는 것 아닌가 싶고, 공개 선언했다가 못 지키면 어쩌나 싶어 망설였다. 그런데 오히려 이런 심리를 이용했다. 못 지키면 창피할 테니까….

공개 선언하니 지키게 되고 결과물을 얻었다. 특히 습관을 들이는 데는 공개 선언이 좋다. 목표를 공개 선언해서 몇 가지 결과를 얻은 뒤, 목표 관리에 어려움을 겪는 사람을 보면 공개 선언을 적극 추천한다. 지금까지 공개 선언으로 실행한 일이 모두 내게 자양분이 돼서 좋은 습관으로 자리 잡았기 때문이다.

습관의 힘을 빌려야 좋은 성과를 낼 때가 있다. 좋은 습관을 들이기는 쉽지 않아, 작심삼일로 끝나곤 한다. 반드시 정해진 기간에 이루고 싶은데 내 의지로 어려울 것 같으면 공개 선언하는 편이고, 공개 선언한 목표는 꼭 실행하게 된다. 속는 셈 치고 한번 해보라.

목표를 공개 선언하는 효과를 뒷받침하는 실험 결과가 있다. 캘리포니아도미니칸대학교의 게일 매튜스 박사는 2008년 변호사, 회계사, 비영리단체 종사자, 마케팅 종사자 등 직업과 국적이 다양한 267명을 대상으로 실험했다. 그중 자신의 목표를 적어둔 사람은 적어두지 않은 사람보다 실행 가능성이 39.5% 높았고, 적어둔 목표를 친구나 주변 사람과 공유한 사람은 실행 가능성이 76.7%나 높았다고 한다. 목표를 적어두기만 해도 효과적인데, 타인과 공유하면 효과가 두 배 가까이 높아진다니 대단하지 않은가.

실행 가능성 76.7%를 믿고 직원들에게 "책 쓰기 2023년에 반드시 마친다"며 공개 선언했다. 제목과 주제를 묻기에 설레는 마음으로 은퇴하기 위한 50대를 위한 은퇴 준비 교과서로, 가제는 《해방의 날》이라고 말했다. 퇴직할 때 직원들이 사무실에 '축 해방의 날' 현수막을 달아줘서 감동했다. 초고는 지난해 완성했으니 공개 선언한 약속을 지킨 셈이다.

혼자 의지로 하기 어렵거나 반드시 해야 할 일이 있으면 '목표를 보이는 곳에 적어 붙이고, 그 계획을 공개 선언한 다음 실천에 옮겨보자'. 적는 것만으로, 공개 선언하는 것만으로 목표를 이루기 쉬워진다. 실행 가능성 76.7%를 등에 업고 원하는 목표를 이뤄보자.

버리고 사는
습관

"정리란 어떤 일을 하기 전에
모든 것이 뒤죽박죽되지 않도록
하는 것이다."
_ 앨런 A. 밀른

어쩌다
유품 정리를 하다

몇 년 전, 셋째 아주버님이 갑자기 입원했다. 병원 진단 결과 위암 말기였다. 한 달 시한부 선고를 받은 아주버님은 남편에게 일산의 원룸을 정리해달라고 부탁했다. 당황스럽기도 하고, 유품과 다름없는 짐을 정리한다고 생각하니 무섭고 착잡했다. 이런 내 마음을 읽었는지 남편이 혼자 다녀오겠다고 했다. 형의 마지막 살림을 정리하는 일을 감당하기 힘들겠다는 생각이 들어 따라나섰다.

관리사무소에 사정을 얘기하고 열쇠를 받았다. 시어머님 성품을 닮아서인지 원룸은 생각보다 깔끔했다. 좁은 공간에서 나오는 물건이 꺼내고 꺼내도 끝이 없었다. 침대 밑, 장롱 속, 장롱 위까지 사람이 움직일 공간을 빼고는 온통 짐이었다. 아무리 최소한이라 해도 사계절 옷이 다 있어야 하는데, 좁은 원룸에 보관하려다 보니 양이 어마어마했다. 그나마 아주버님이 산을 좋아해서 등산복 위주에 가짓수는 많지 않았다. 가격표가 그대로 붙은 옷과 살림살이, 새 등산 장비, 수건까지 버리기 아까운 게 많았다.

관리사무소 직원에게 물으니 버릴 것은 종량제 봉투에 넣고, 재활용해도 될 만한 것은 한쪽에 두면 처분하겠다고 했다. 먼저 부피가 큰 등산 장비를 버리고, 옷과 냉장고 순으로 정리한 다음 욕실을 청소했다. 원룸 보증금과 관리비 등 정산을 마치고 열쇠를 반납하고 돌아왔다. 평소 이사할 때나 별다르지 않은 살림 정리와 청소였지만, 살아 있는 분의 짐을 정리하는데 유품을 정리하는 듯한 감정이 묘했다.

저세상으로 떠나면 누군가 뒷정리를 해줘야 한다는 데 생각이 미치니, 옷이나 물건은 최소한으로 지니고 살아야겠다 싶었다. 요즘은 이런 걸 미니멀리즘이라고 한다. 셋째 아주버님은 원룸을 정리한 지 3주쯤 지나서 먼 길을 떠났다. 코로나-19로 가족 면회도 안 되던 때였다. 장례를 치르고 돌아와 창밖을 보다가 살림을 정리해야겠다는 생각이 들었다. 나중에 내 짐을 남편이 정리할지, 아들이 정리할지 몰라도 슬퍼하지 않았으면 좋겠다는 생각과 함께.

버리고 사는
습관을 들이자

누구나 언젠가 삶을 마감한다. 그때 나는 깔끔한 옷차림을 하고, 살림살이도 방금 쓰고 닦은 것처럼 반짝반짝 빛났으면 좋겠다. 옷이나 가방, 화장품은 고가일 건 없고 필요한 만큼 갖고 정리 정돈이 잘돼 있으면 좋겠다. 평소 정리 정돈하며 살려고 노력하지만 자주 어지럽혀진다. 셋째 아주버님의 원룸을 정리한 일을 계기로 '필요한 물건만 소유하되, 깔끔하게 정리하고 살자'를 철칙으로 삼았다.

살림을 정리할 때는 머릿속에 순서와 기준을 정하는 편이다. 이번에는 이고 지고 살아도 버리고 싶지 않은 책과 버리고 싶은데 못 버리는 감정도 정리하기로 했다. 버릴 것의 기준은 다음과 같이 정했다.

1. 옷 : 2년 이상 안 입은 옷.
2. 책 : 읽은 책 중에 다시 안 볼 책, 볼 필요가 있어도 도서관 가서 읽으면 되는 책.
3. 그릇 : 플라스틱 그릇 중 물든 것, 필요 이상으로 많은 그릇, 2년 이상 쓰지 않은 그릇.
4. 식품 : 냉동실에 보관한 지 1년 넘은 각종 가루.
5. 신발 : 1년 이상 신지 않은 구두와 운동화.
6. 마음속 묵은 감정 : 스트레스의 주범인 불필요한 감정.

정한 기준에 따라 버리니 결과는 다음과 같았다.

1. 옷 : 많이 버렸어도 여전히 2년 이상 입지 않은 옷이 있다. 언젠가 입을지 몰라서 못 버렸다.
2. 책 : 600여 권을 버렸다. 마음이 좋지 않았다. 집이 좀 넓으면 보관하고 살 텐데….
3. 그릇 : 2년 이상 된 플라스틱 그릇, 흠집 난 프라이팬과 냄비를 버렸다. 새 텀블러가 왜 그리 많은지… 성당에 기증했다.
4. 식품 : 냉동실에 보관한 많은 가루를 버렸다. 청국장 가루와 비트 가루는 남겼는데, 여전히 보관만 하고 있다.
5. 신발 : 낡은 구두와 운동화를 버렸다.
6. 마음속 묵은 감정 : 불필요한 감정에 휘둘리지 말고 편하게 살자고 다짐하며 스트레스 받을 때마다 감정을 분리해서 쓰레기통에 버렸다. 그런데도 어느 날 '갑툭튀'! 구겨 넣으면 다시 튀어나와 구겨 넣기를 반복했다. 언젠가 옅어지거나 사라지겠지….

물건 정리만으로 법정 스님의 무소유를 실천하는 것 같아 상쾌하다. 물건 정리는 쉬운데, 마음 정리는 오래 걸렸다. 마음도 한 번에 싹 정리되면 얼마나 좋을까? 결혼한 아들의 집을 정리하면서 집 안을 치웠고, 계절이 바뀔 때마다 정리하고 버리는데도 짐을 모시고 사는 건 아닌가 싶다. 어느새 집에 짐이 쌓여간다.

  정리 전문가 곤도 마리에는 물건을 사거나 물려받지 않으면 저절로 증가하지 않는다고, 물건이 늘고 어질러지는 것은 100% 자기 책임이라고 했다. 나도 기준을 정해놓고 버리지 못하는 물건, 사지 않아도 들어오는 물건이 있다. 버려야 하는데 못 버리겠다고 하면 남편은 버리고 싶으면 버리지 왜 못 버리냐고 한다. 버리고 싶은 것이란 말에는 버리고 싶지만 쉽게 버릴 수 없다는 뜻이 있음을 잘 모르나 보다.

  곤도 마리에는 《설레지 않으면 버려라》에서 삶의 기쁨과 행복을 맛보고 싶다면 과감히 버리라고 했다. 나이 육십이 넘으면 버리고 사는 버릇을 들이라고 한다. 생의 마지막 길을 미리 정리하라는 말 같아서 씁쓸하지만, 꼭 필요한 버릇인 것 같다. 버리고 살자. 비우고 살자.

  야마구치 세이코는 《버리고 비웠더니 행복이 찾아왔다》에서 버리고 비우기의 최고 경지는 '욕심과 집착을 내려놓는 것'이라고 했다. 우리가 비워야 할 것은 물건뿐만 아니다. 너무 많은 물건을 소유하지 않도록 절제하는 삶이 좋고, 미래에 대한 걱정과 욕심, 집착을 버리고 소중한 것만 지니고 살 때 행복이 저절로 찾아온다.

  버리고 사는 습관을 들이자. 아니 필요한 것만 지니고 살자.

8.

은퇴의
기쁨을
누려요

설레는 마음으로 은퇴할 수 있어 다행이다

나답게 산다는 것

인생의 오후는 느리게, 단순하게, 둔감하게

나를 비우고 채우는 시간, 1년

나는 여전히 청춘

설레는 마음으로 은퇴할 수 있어 다행이다

"세상에서 중요한 일은 대부분
전혀 희망이 없어 보일 때도
계속 노력한 사람들에 의해 성취됐다."
_ 데일 카네기

은퇴가 설레는 이유

"설레는 마음으로 은퇴를 기다립니다." 지난해 퇴직자를 대상으로 강의하는 중에 말했다. 강의가 끝나고 교육생이 와서 어떻게 하면 은퇴가 설렐 수 있느냐, 은퇴 후 할 일은 정해놨느냐고 묻는다. 두세 달 지나면 그런 소리가 쏙 들어갈 거라며, 본인은 명예퇴직하고 나와서 경제적인 대비는 충분히 했는데도 설레기는커녕 걱정이 앞선다고 했다.

내가 교육생에게 어떤 걱정을 제일 많이 하느냐고 물었다. '여전히 건강한데 하는 일 없이 이렇게 살아도 되나, 나보다 경제적인 대비가 적은 친구는 열심히 일하며 활기차고 재미

있게 사는 듯한데 너무 일찍 퇴직했나, 다시 할 일을 찾아야 하나' 생각이 들더라고 했다. 지인에게 이런 걱정을 말하니 우리 기관의 교육을 추천해서 왔다고 했다.

설레는 은퇴의 조건은 따로 정해진 것이 아니다. 사람에 따라 상황과 기준이 다르고, 은퇴를 어떻게 받아들이느냐에 따라서도 다를 것이다. 미국이나 유럽 사람과 우리나라 사람은 은퇴를 맞는 생각이 다르다고 한다. 우리나라는 은퇴를 두려움과 걱정으로 받아들이는 사람이 많지만, 미국과 유럽에서 퇴직자는 은퇴를 즐거움 혹은 자유로움으로 받아들인다. 언젠가 내려가야 하는 시기가 온다. 은퇴가 피할 수 없는 것이라면, 우리도 준비해서 여생을 얼마든지 즐겁고 자유롭게 보낼 수 있다.

은퇴가 왜 설레는지 구구절절 말할 순 없어서, 하고 싶은 일을 자유롭게 할 수 있으니 설렌다고 했다. 교육생은 퇴직하고 나가보면 시간은 생각보다 남아돌고, 할 일은 예상외로 없다고 은근히 겁을 준다.

교육을 마치고 내가 너무 밝게 상상하나 싶어 은퇴가 설레는 이유와 근거를 적어봤다.

1. 재정 상황 : 퇴직 후에 돈을 더 벌지 않아도 될 만큼 경제적인 대비를 했다. 우리나라 2인 가구의 노후 생활비는 개인과 지역에 따라 다르지만, 평균적으로 최소 생활비 250만 원, 적정 생활비 370만 원 수준이다. 나는 3층

연금(국민연금, 퇴직연금, 개인연금)을 마련했고 남편은 국민연금뿐이지만, 노후 생활비 걱정은 없다. 의료비를 포함한 긴급 자금은 주식 투자와 ISA 계좌로 준비하고 있다. 5년 내 현금 자산 5억 원을 만드는 게 목표다. 퇴직 후에 일한 수입은 전액 저축이나 투자에 활용할 계획이다.

2. 일에 대한 준비 : 40대 중반 넘어서 대학원 석사과정을 시작, 50대 중반에 박사과정을 마치고 박사 학위를 취득했다. 이후 대학원에서 4년 동안 겸임 교수로 활동했고, 경영지도사와 신용상담사, 코치 자격 등을 취득했다. 은퇴 후 중간 휴식 시기에 직업상담사 자격 취득을 준비 중이다. 강사와 코치, 멘토, 작가로 활동할 영역이 많고, 그동안 관리한 네트워크도 충분하다. 이 책이 은퇴 후 활동과 좋은 연결 고리가 될 것으로 기대한다. 다행히 직장 생활 40년을 생산자로 충실하게 살았기에 일의 영역은 그다지 두렵지 않다.

3. 건강 : 혈압이 약간 높은데, 약을 먹어야 할 정도는 아니어서 걷기와 음식으로 관리하고 있다. 지금 나이에 0.7을 곱하면 부모 세대에 맞먹는 나이라니, 45세 안팎의 팔팔한 에너지가 있다. 건강해야 일할 의욕도 생기고 사는 게 즐겁다.

4. 관계 : 인간관계에 좋은 관계만 있진 않다. 특히 직장 생활을 하며 자기 의지와 상관없이 상하좌우 관계에서

비롯된 갈등이 있다. 나는 갈등 상황을 유난히 싫어하고 사람 중심으로 사는 사람이라, 관계가 힘들면 일보다 사람 때문에 스트레스를 받는 편이다. 이제 회사 직무나 회사 인간으로서 받는 관계 스트레스는 없다. 관계의 자유가 확보되니 이보다 좋을 수 없다. 은퇴가 주는 가장 큰 기쁨이다.
5. 취미 활동과 좋은 습관 : 노후에는 좋은 취미와 습관이 삶의 질을 높여준다. 책 읽기와 글쓰기, 캘리그래피, 걷기 등 취미가 '적자 생존, 읽자 생존, 걷자 생존'처럼 습관으로 자리 잡아 꼭 일을 하지 않아도 할 일이 아주 많다.

은퇴가 설레는 이유를 간단히 적어도 다섯 가지나 된다. 은퇴가 설레고 기다려진 가장 중요한 이유는 무엇을 더 해야 한다거나 해보고 싶은 일을 할 수 있어서가 아니라, 하기 싫은 일은 안 해도 되는 자유가 있어서다.

은퇴 후
나의 생활 실천 3가지

설레는 마음으로 기다려서 만난 은퇴, 앞으로 기나긴 삶은 어떻게 보낼까? 은퇴라는 말을 사용하지만 65세 이후에도 계속 일할 생각이어서, 내게 은퇴는 퇴직이다. 건강이 허락하는 한 계속 일하며 풍요로운 삶을 즐길 계획이다.

하버드대학교 심리학과 교수를 지낸 버러스 프레더릭 스키너는 은퇴 후에도 풍요로운 삶을 영위하는 사람에게 세 가지 공통점이 있다고 했다. 첫째, 규칙을 만들어 생활한다. 둘째, 남을 가르치는 방법을 모색한다. 셋째, 내가 할 수 있는 새로운 일을 찾는다. 이 세 가지는 내가 은퇴 후 하고자 하는 일, 지향하는 가치와 연결된다. 스키너 교수의 연구 결과처럼 규칙을 만들어 생활하기, 남을 가르치는 방법 모색하기, 내가 할 수 있는 새로운 일 찾기를 실천 중이다.

1. 일과표를 만들어 규칙적으로 생활한다 : 은퇴하면 하루 경영의 책임자는 자신이다. 24시간을 어떻게 보낼지 규칙을 만들어 자신만의 루틴에 따라 생활해야 한다. 무계획이 계획이라며 생각 없이 사는 건 시간 죽이기에 지나지 않는다. 운동, 배움, 일, 놀이 등 자신이 지향하는 가치에 따라 일과표, 주간 일정표를 짜서 규칙적으로 생활하면 나이 들어 생기는 크고 작은 건강 문제에서 벗어나고, 활력을 찾아 젊게 살 수 있다.

2. 배워서 남 준다 : 은퇴 후 배우고 싶고 하고 싶은 일이 많다. 경영지도사, 신용상담사, 전문코치 등 자격증과 기업을 지원하는 일을 하며 쌓은 노하우를 바탕으로 더 나은 내일을 만들고자 하는 사회적 기업과 중소기업, 소

상공인, 퇴직 예정자에게 도움이 되는 활동을 한다. 지금은 충전하는 시기로 글쓰기를 주로 하지만, 강의와 평가, 멘토링, 연구 활동도 병행한다.
3. 내가 할 수 있는 새로운 일을 찾는다 : 그동안 일한 세월이 40년이다. 일만 하다 가는 사람이 되기 싫다. 경제적인 수익을 창출하는 일 외에 변하는 세상에 적응하기 위해 챗GPT, 우쿨렐레, 라인댄스, 영어 회화 등 취미를 열심히 한다.

은퇴는 물러나거나 숨는 게 아니다. 두려워 말자. 자신의 속도와 보폭에 따라 살면 된다. 나이 들고 체력이 예전만 못한데 젊을 때처럼 질주할 순 없다. 누구나 처음은 낯설고 두렵다. 시간이 오래 걸려도 어느새 달인처럼 익숙해진다. 달인이 아니면 또 어떤가. 어려서 아무것도 할 줄 모르던 시절에 배우고 익혀서 경제활동을 했다. 나이 들어 새로운 일을 해야 한다면 천천히 차근차근 배우자. 배움 자체로 의미 있는 활동이다.

설레는 마음으로 은퇴를 맞이하기 위해 50대 중반부터 차곡차곡 다섯 가지(일, 건강, 돈, 관계, 습관) 통장을 채울 준비를 해왔다. 65세 이후 인생의 황금기 만들기 프로젝트 구상과 준비를 끝내고 나의 과거와 작별했다. 아무에게도 간섭받지 않는 나의 미래, 내가 만들었다. 직장인으로 회사 업무에 전념하느라, 체면이나 위신 때문에, 가족을 챙기느라 제대로 보지 않던 내 꿈을 들여다보고, 내가 진정 바라는 후반생을 꿈꿨다. 그런 삶을 위해 선택한 첫날, 2024년 3월 1일 해방의 날이다. 냉철하게 나를 돌아보는 시간을 갖고 위기에 처한 나를 구하는 프로젝트를 성실히 추진한 덕분에 퇴직 이후를 행복한 시간으로 만들 수 있었다. 설레는 은퇴를 맞아 다행이다.

나답게
산다는 것

"당신이 잘하는 일이라면 무엇이나
행복에 도움이 된다."

_ 버트런드 러셀

무엇이든 할 수 있는 '나',
나답게 살면 된다

은퇴 후 가치 있게 살 방법을 고민하다가, '다른 사람과 비교하지 말고 주어진 조건에서 나답게 살면 된다'는 자성의 목소리를 들었다. 나다운 것은 무엇인가?

독립서점을 운영하는 최인아 작가는 《내가 가진 것을 세상이 원하게 하라》 프롤로그에서 책 제목이 길어도 좋다면 '무조건 세상에 맞추지 말고 내가 가진 것을 세상이 원하게 하라'로 정하고 싶었다고 한다. "우리는 얼굴도, 생각도, 좋아하는 것도, 잘하는 것도 다 다른 고유한 존재들이니까 세상에 맞추지 말고 자신이 좋아하는 일을 자신이 잘하는 방식으로 하는 것이 자기답게 사는 일" 아니겠냐고….

나답게 사는 것에 대한 의미가 명확해진 느낌이다. 전반생은 어쩌다 보니 세상에 맞춰 사느라 애썼다면, 후반생은 무조건 세상의 기준에 맞추지 말고 나의 고유성과 장점을 살려 나답게 살고 싶다.

예순네 살을 찍고 내게 남은 생이 얼마나 될지 모르지만, 이제 돈보다 체력이 중요한 때다. 지난 몇 년간 돈도 내 마음대로 되지 않고, 내 뜻대로 할 수 있는 일보다 할 수 없는 일이 많다는 것을 깨달았다. 노후 역시 그렇지 않을까 생각하다가 마음을 바꿨다. 내 뜻대로 할 수 있는 일을 하고 살기도 바쁜 세상이다. 노후는 내 마음대로 살아보자. 그래도 된다고 생각했다.

결혼하고 아이 낳고 키우며 가족이라는 테두리 안에서 가족만 생각하고 살았다. 이제부터 무엇보다 나를 소중히 여기고 사랑하며, 내 행복을 중심에 두고 살아야겠다. 비록 가진 게 적어도 남루하지 않은 삶, 폐를 끼치지 않는 삶, 하고 싶은 일은 해보는 삶, 다른 사람 눈치 보지 않고 할 말은 하는 삶, 해야 할 일과 하고 싶은 일을 차일피일 미루지 않는 삶, 다른 사람의 기준이 아니라 내 기준에 맞춘 삶을 살아야겠다.

나답게
사는 중

지난 2월 말, 40년간 이어온 직장 생활을 마무리했다. 평생 현역이라더니 왜 그만두느냐, 다닐 수 있으면 더 다니라는 주위 사람들의 애정 어린 충고를 뒤로한 채 마침표를 찍었다. 일을 그만두고 싶어서가 아니라 후반생을 하고 싶은 일에 집중하고 싶어서다. 일하는 장소와 방식을 바꿔 일하겠다는 의지의 표시이자, 40년간 일했으니 10년 더 일하기 위해 정비와 충전의 시간이 필요해서 인생의 쉼표를 찾아 자유로운 여행을 시작했다.

  가만히 생각하니 우여곡절 끝에 마음의 평화를 찾고 살 수 있는 것도 내가 선택한 일이다. 정말 감사하다. 경제적으로 보면 나는 50대에 회복하기 어려울 정도로 많은 걸 잃었다. 그러나 모든 일에는 동전의 양면이 있듯이, 아직 가진 게 많고 얻은 것도 많다.

  가시밭길을 걸으며 돈은 잃었으나 가족은 지켰다. 재정 상태를 원상 복구하지는 못했으나, 어려운 상황에도 견디고 도전한 덕분에 안정적이고 건강한 노후 생활과 평생 현역으로 일할 기반을 마련했다. 40년을 일하고도 10년 더 일할 가능성을 만들었다. 50대에 파란만장한 일을 겪지 않았다면 지금쯤 나는 집에 들어앉아 놀고 쉬며 배우는 비교적 한량 같은 생활을 하고 있었을 것이다.

누가 뭐라 해도 이만하면 잘 살아왔다. 더 잘하려고, 더 잘 살려고 애쓰지 않아도 된다. 내 DNA 구조상 더 잘하려고 노력하겠지만, 지금보다 느슨하게 살아도 된다고 나를 토닥이며 쉬어 가는 중이다. 지난 10년 동안 어두운 터널을 지나왔다. 인생은 멀리서 보면 희극이고 가까이서 보면 비극이라던가. 비극 같은 10년도 지나고 보니 하룻밤 꿈을 꾼 듯 착각이 든다. 여러 가지 파괴의 흔적이 복구되지 않은 채로 남아서 현실이었구나 생각할 뿐이다.

그래도 나는 요즘의 내가 좋다. 대단하고 거창하지 않아도 목표를 세우고 이루려고 열심히 살아온 내가 좋고, 어려운 환경에도 좌절하지 않고 슬기롭고 지혜롭게 극복한 내가 기특하다. 어려운 시절에 포기하지 않고 밝은 미래를 만나기 위해 노력한 덕분에 나답게 살면서 현재를 충분히 누리고 있다. 다른 사람에게는 아무것도 아닌 듯 보일 수 있겠지만, 어려운 시절을 극복하고 오늘같이 충만한 삶을 즐기고 있음에 그저 뿌듯하다.

과거의 내가 현재의 내 모습을 만나려고 '월화수목금금금' 하며 보냈고, 현재의 내가 미래의 나를 만나기 위해 '월화수목금금일' 하며 지낸다. 오래가려면 즐겁고 건강해야 한다는 생각에 오늘도 긍정의 마음으로 시작하고, 감사의 마음으로 마무리하며 나답게 살아간다.

나답게 살기 위한 조건을 만들어라

지금 자신이 살아가는 방식이나 모습이 마음에 드는가? 마음에 드는 사람도, 마음에 들지 않는 사람도 있을 것이다. 때에 따라 어떤 부분은 마음에 들고, 어떤 부분은 마음에 들지 않을 수도 있다. 어느 경우가 미래를 위해 더 움직이게 할까? 마음에 들면 현재로도 충분하니 미래를 위해 움직이는 동인이 부족하다고 여길 수 있고, 마음에 들지 않으면 현재 상태를 개선해서 좀 더 나은 모습과 밝은 미래를 만들려는 동인이 될 수 있다. 단순히 현재 만족하느냐 아니냐로 미래를 위해 움직이게 하느냐 아니냐를 판단하기에는 뭔가 빠진 느낌이다. 무엇일까? 바로 미래에 대한 그림이다. 미래의 자신을 어떻게 바라보느냐에 따라 현재 상태를 개선하거나 좀 더 업그레이드하려고 노력할 것이다.

    나답게 살기 위해 퇴직하는 해에 책을 한 권 출간하고, 그 책이 가교가 되어 전직 지원이나 퇴직자 대상 강의 활동으로 연결되길 바랐다. 출간 목표일 1년 전에 어떤 행동을 취해야 할지 생각하고, 원하는 미래의 나를 만나기 위해 매일 꾸준히 글을 써왔다. 아무런 행동을 하지 않으면 1년 뒤 내가 원하는 모습을 기대하기 어렵기에. 어려운 가운데 매일 쓴 글이 책 쓰기로 이어졌고, 드디어 출판사에 기획안을 보내고 출간을 기다린다.

우리 삶은 과거와 현재와 미래가 연결된다. 과거에 내가 삶을 대한 태도와 행동이 현재의 나를 만들었고, 현재의 태도와 행동이 미래의 나를 만들 것이다. 원하는 미래를 만나려면 현재의 내가 미래의 나를 맞이할 준비를 해야 한다. 밝은 미래를 원하면 고통스럽고 힘든 현재를 기꺼이 받아들이고 견뎌야 한다. 내가 원하는 미래의 모습이 현재에 비춰 차이가 클수록 변하려는 노력을 하고, 오래 견뎌야 한다.

세상에 공짜 점심은 없다. 자기답게 원하는 모습으로 살고 싶다면 자기답게 사는 모습을 규정하고, 현재의 조건에서 자기답게 살기 위한 조건을 만들어라.

인생의 오후는
느리게, 단순하게,
둔감하게

"인생의 오전을 위해 만든 프로그램으로
인생의 오후를 살 순 없다.
아침에 위대하던 것이 오후에는 보잘것없어지고,
아침에 진리가 오후에는 거짓이 될 수 있기 때문이다."

_ 카를 구스타프 융

즐거운
자기 고용 프로젝트

우아하고 아름답게 나이 들고 싶다는 나의 바람을 충족하는 두 가지 요건은 마음에 여유가 있는 삶, 경제적 자유가 있는 삶이다. 이 요건은 어느 정도 갖췄다. 시간의 자유가 주어지는 노후에 경제적 자유와 마음의 평화를 더 값지게 해주는 것이 바로 일이다. 40년을 일했으면서 무슨 일을 더 하느냐는 사람도 있지만, 나는 은퇴 후 재미와 의미 있는 일을 계속할 생각이다. 은퇴를 결정하고 실행하는 이유도 이 때문이다. 어떤 이에게는 사치스러운 소리로 들릴지 몰라도 그런 사치를 부리며 살 생각이다.

인생의 오후를 오전처럼 살 순 없다. 일이든 사랑이든 건강조차. 40년 직장 생활을 마무리하고 '새로운 10년 자기 고용 프로젝트'를 추진 중이다. 직장에 다니면서 직급이나 지위에 욕심부리진 않았지만, '내가 주인이라면' '내가 대표라면' 하는 마음으로 일했다. 물론 늘 그러진 못했다. 마음이 편안한 일터에서 일하고 싶을 때는 나 자신에게 솔직하지 못했다는 생각이 들기도 했다.

 '주인이라며, 힘들다고 떠난다고? 너 주인 맞아? 인간관계는 상호 관계라며, 네가 잘못하니까 그런 힘든 관계를 만나고 힘들어하는 거 아니니? 네가 뭘 잘 못했겠지….' 그렇다, 내 안에 늘 엄한 비평가가 있었다.

 얼마나 힘드냐고 위로하거나 힘들면 내려놔도 된다고 말해주기보다 '네가 무엇을 잘못했는지 들여다보고 달라져야지 상대는 안 변한다'며 자신을 몰아세웠다. 그러다 보니 강한 자기 검열과 자아비판이 졸졸 따라다녔다. 비슷한 처지나 상황에 당당하고 상대방 탓으로 돌리는 사람들이 부러웠다. 어쩌면 저렇게 당당할까?

 이제 그러지 않고 일하는 방식을 바꾸기로 했다. 프리 워커의 삶이다. 2024년 2월에 40년 직장 생활을 정리하고 '나(주)의 CEO'가 됐다. 현역 시절 강의와 심사 평가, 코칭, 멘토링을 해왔기에 퇴직 후 프리 워커로, N잡러로 살아가는 데 부담은 없다. 다만 이런 일은 누가 불러주지 않으면 할 수 없다. 누가 불러주지 않아도 할 수 있고 하고 싶은 일로 작가,

블로거, 콘텐츠 크리에이터 활동을 추가해 평생 현역을 꿈꾸고 실천한다.

프리 워커로, '나(주)의 CEO'로 살아도 내 안에 비평가는 여전할 것이다. 제대로 하는지 자기 검열을 늦추지 않을 게 분명하다. 그래도 상관없다. 자기 검열의 관점이나 색깔이 달라졌으니 오히려 반길 일이다. 무슨 일이든 내가 주도적으로 설계하고 운용한다니 얼마나 멋진가. 이날을 얼마나 기다렸는지 하루하루가 설렌다.

은퇴 후 삶은
느리게, 단순하게, 둔감하게

우리는 은퇴 후 삶이 전개되는 인생의 오후를 오전같이 살 수 없고, 그래서도 안 된다. 지금 인생의 어느 시기를 걷고 있는가? 인생의 오후가 코앞에 있다면 어떻게 살고 싶은지 자문하라. 원하는 인생 오후의 삶을 그리고 준비하라. 그동안 앞만 보고 달려왔다면 은퇴 후에는 다소 느리게, 단순하게, 둔감하게 살아보면 어떨까?

- 느리게 살자_ 자기 보폭과 속도로 걷고, 자신을 성찰하며 살자. 앞만 보고 달리면 그냥 지나치는 게 많다. 치열한 경쟁 환경에서 뒤처지면 패배와 마찬가지라는 의식

이 팽배하다 보니 변화에 적응하기 위해, 살아남기 위해 넓은 보폭으로 빠르게 움직였다. 자신은 돌보지 못하고 주변 사람들 말에 신경 쓰며 살아왔다. 나도 앞만 보고 달렸다. 남들이 무엇을 좋아하고 싫어하는지 신경 쓰면서 정작 내가 원하는 건 챙기지 못했다. 이제 빨리 달리지 않아도 되니 나 중심으로 살려고 한다.

어떤가, 자신이 원하는 대로 살아왔는가? 아니라면 지금부터 자기 보폭과 속도로 걷고, 자신을 살피며 진짜 원하는 모습으로 살자. 고은의 시 '그 꽃'처럼 인생의 후반부는 전반부에 치열하게 살아오느라 하지 못한 일, 살펴보지 못한 자신과 주변을 돌보며 살아도 좋겠다.

- 단순하게 살자_ 잔뜩 이고 지지 말고 내려놓자. 우리는 너무 많은 물건을 가지고 산다. 끊임없이 나오는 신제품이 생활을 편하고 이롭게 하지만, 이런 풍요 때문에 지구는 몸살을 앓는다. 후대의 삶을 위협한다. 태어날 때 맨몸이듯이 돌아갈 때도 빈손일 것이다.

《설레지 않으면 버려라》가 출간되고 삶에서 미니멀리즘을 강조한 때가 있었다. 너무 많은 물건을 이고 지고 살지 말고 필요한 물건만 지녀라, 물건을 보고 설레면 지니고 그렇지 않으면 버리라는 것이다. 책을 읽으며 피식 웃었다. 내게 설레는 물건이 하나도 없었기에….

대다수 평범한 가정주부가 엄마라는 이름으로 불리는

순간부터 삶의 중심이 자녀와 배우자에게 쏠린다. 나도 아들과 남편을 위해선 통 크게 써도 나를 위해선 쓸 줄 몰랐다. 그나마 책을 사 읽고 샐러던트로 자기 계발에 투자하는 데는 사치를 부렸다. 특히 아들을 미국에 유학 보내고 결혼시킬 때까지 옷이나 핸드백처럼 외모를 치장하는 것은 거의 사지 않았다. 직장 생활과 강의를 병행하다 보니 번듯한 정장이 필요했는데, 다행히 올케언니나 주변 지인이 나눠주는 옷과 핸드백이 많았다.

환경을 해치거나 지구에 해를 끼치는 일은 되도록 하지 않기로 하고, 너무 많은 물건을 지니고 살지 말자는 원칙을 정하니 충동구매를 안 한다. 법정 스님이 강조한 무소유의 삶이 아니라도 최대한 단순하게 살자.

• 둔감하게 살자_ 다른 사람이나 상황에 너무 신경 쓰지 말고 자신에게 집중하자. 와타나베 준이치는 《나는 둔감하게 살기로 했다》에서 "둔감력이란 긴긴 인생을 살면서 괴롭고 힘든 일이 생겼을 때, 일이나 관계에 실패해서 상심했을 때, 그대로 주저앉지 않고 다시 일어서서 힘차게 나아가는 그런 강한 힘"이라고 정의했다. 둔감력은 창조주가 여성에게 준 특별한 능력이라고 한다.

둔감하다는 말은 대개 '둔하다' '무디다', 그러니까 '빠릿빠릿하다' '민감하다'의 반대말 정도로 생각했는데, 회복 탄력성과 비슷한 의미로 다가온다. 그러면 젊어서나 나이 들어서나 둔감하게 사는 것이 지혜롭지 않을까? 다른 사람이나 주변 상황에 너무 예민하게 반응하지 말고 여유롭고 둔하게 살면 좀 더 따뜻한 사회가 될 듯싶다.

당신은 인생의 오후에 어떻게 살고 싶은가? 앞만 보고 달려왔다면, 가족을 위해 자신은 돌보지 못했다면, 지나치게 주위를 배려했다면 후반생은 느리고 단순하고 둔감하게 살아가자. 늘 예기치 못한 일이 벌어지는 게 인생이다. 그런 인생을 살아낸 자신을 격려하고 사랑하며 가끔은 토닥이자.

나를 비우고 채우는 시간, 1년

"휴식의 역설은 마음의 재생, 정신의 재연, 힘의 소생이다."

_ 라일라 기프티 아키타

65세 이후에는
내가 바라는 모습으로 산다

지난해 3월 1일, 페이스북에 공개 선언했다. '2024년 3월 1일 내가 정한 나의 독립일. 꼭 1년 남았다. 1년 잘 준비해서 내년 3월 1일 독립일을 신나게 맞이할 거다.' 많은 사람이 무엇에서 독립하냐고 물었다. 1년 뒤 알려주겠다 답하고, 올해 페이스북에 소식을 전했다.

　오랜만에 소식 전합니다.
　2월 20일 퇴임식을 마치고 어제 20년간 몸담았던 ○○○○ 졸업 그리고 40년 직장 생활에 종지부를 찍었습니다. 전·현직

직원들의 따뜻한 응원을 받으며 떠나게 되니 뭉클하고 힘이 납니다. 헛되이 살지는 않았구나 생각했습니다. 작년 3월 1일 페북에 2024년 3월 1일 독립 선언을 했지요. 설레는 마음으로 기다려온 독립일이 며칠 앞당겨져 신고합니다. 임기가 26일까지더라고요.

드디어 독립 그리고 해방입니다. 잠시 하프타임을 갖고 충전한 뒤에 새롭게 출발하겠습니다. 40년간 사회생활 하면서 주위 분들의 많은 도움을 받았습니다. 감사했습니다. 일일이 연락드리고 인사드리지 못해 죄송합니다. 인생 3막 멋지게 살겠습니다.

고맙습니다.

많은 분의 응원과 격려를 받고 해방의 날을 맞아 자유를 만끽하고 있다. 은퇴가 뭐 그리 대단하다고 독립과 해방이란 단어를 쓰냐고 할 수도 있지만, 여러 가지 의미가 있다. 돈을 더 벌지 않아도 되는 경제적 자유, 일을 더 하지 않아도 되는 직업적 자유(아니 하고 싶은 일만 해도 되는 직업적 사치), 스트레스 받는 관계는 끊어도 되는 관계의 자유, 가정을 이끄는 가장의 역할에서 자유로운 날이다. 시간적 자유까지 덤으로 얻으니 어찌 기쁘지 않을까. 65세 이후에는 바라는 모습으로 살아가리라 마음먹은 내게 그날이 왔다.

인생에도
하프타임이 필요하다

해방의 날, 삶의 속도를 조절하기 위한 배터리를 정비하는 일로 시작한다. 누구는 하프타임이라 하고, 누구는 충전의 시기라고 한다.

　당신은 지금 인생 시계 몇 시를 향해 가고 있는가? 나는 100세 기준 인생 시계에서 현재 오후 3시 36분을 향해 가고 있다. 인생 시계는 서울대학교 김난도 교수가 《아프니까 청춘이다》에서 인생을 24시간으로 계산할 때, 하루 중 몇 시를 가리키는지 설명한 개념이다. 하루가 모여 한 달이 되고, 한 달이 모여 1년이 되고, 1년이 모여 우리네 인생이 된다. 인생 시계로 계산하니 나는 회사에서 일해야 할 시간에 퇴근하는 것 같아, 더 일해야 하는 게 아닌가 싶을 때도 있다. 그러나 더 오래 일하기 위해 정비할 시간이 필요하니 잘한 선택이라고 생각한다.

　오래 살고, 오래 일해야 하는 세상이다. 오래 일하려면 쉬는 시간이 필요하다. 인생에도 하프타임이 필요하다. 전반전에 숨 가쁘게 달린 몸을 추스르고, 후반전을 위해 충전하는 시간이다. 인생의 하프타임은 노후를 위한 준비 단계, 일종의 중간 휴식이다.

　인생의 하프타임은 언제가 적당할까? 40대에서 50대 초반 사이에 하프타임을 권하지만, 나이(시기)보다 변화의 문제

		나이	인생 시간			나이	인생 시간
인생 전반전	인생 1막	5세	1시 12분	인생 후반전	인생 3막	55세	13시 12분
		10세	2시 24분			60세	14시 24분
		15세	3시 36분			65세	15시 36분
		20세	4시 48분			70세	16시 48분
		25세	6시 00분			75세	18시 00분
	인생 2막	30세	7시 12분		인생 4막	80세	19시 12분
		35세	8시 24분			85세	20시 24분
		40세	9시 36분			90세	21시 36분
		45세	10시 48분			95세	22시 48분
		50세	12시 00분			100세	24시 00분

다. 변화 관리의 문제로 생각하면 하프타임은 전반부와 후반부 중간 지대에서 변화를 잘 활용하기 위한 충전의 시기다. 내겐 40년 일하고 더 일하기 위해 정비하는 시간으로 선택한 지금이 하프타임이다.

인생의 오후를 오전과 같이 살 순 없다. 성공과 부와 명예를 추구하던 전반생과 앞으로 채워야 할 후반생 30~40년은 달라야 한다. 하프타임으로 다소 늦은 감이 있지만, 65세 이후를 인생의 황금기로 만들자는 다짐과 실천을 위해 다시 출발선에 섰다.

퇴직자 교육과 상담을 10년 넘게 하면서 후반생을 어떻게 살지 누구보다 많이 생각했고, 일과 관련된 준비는 충분히 해왔다. 이제 창조를 위한 휴식 시간을 보내며 인생 지도에 새로운 길을 만들고 천천히 걸어가려고 한다.

　사회학자 에릭 에릭슨은 "50세 이후의 삶은 내리막길이 아니라 바깥으로 뻗은 길이다"라고 했다. 그동안 쌓아온 지식과 경험, 인맥을 바탕으로 더 풍성한 활동을 할 수 있는 시기, 사회생활에서 물러나는 게 아니라 평생 하고 싶은 일을 새롭게 할 기회로 만들 시기다. 전반생에 대한 성찰, 후반생의 방향을 정하는 하프타임을 잘 활용하면 내리막길이 아니라 바깥으로 뻗어 확장하는 후반생이 전개될 것이다.

　은퇴는 40년간 직장 생활을 한 내게 주는 가장 큰 선물이다. 직장인이라면 여러 가지 이유로 떠나고 싶은 마음이 불쑥불쑥 올라올 때가 있을 것이다. 나도 그랬다. 그때마다 자문했다. '지금 하는 일이 내가 하고자 하는 일, 내가 원하는 목표에 도움이 되는가? 이곳에서 내가 하고 싶은 일을 원하는 방식으로 할 수 있나?' 내가 하고 싶은 일을 원하는 방식으로 하고 싶다는 이유로 은퇴를 선택했지만, 약간의 두려움과 긴장감이 있는 내게 로버트 브라우닝은 '랍비 벤 에즈라'로 위로를 건넨다. "나와 함께 나이 들어가자! / 가장 좋을 때는 아직 오직 않았다 / 인생의 후반, 그것을 위해 인생의 초반이 존재하나니".

나를 돌아보고 비우고 채우는 시간, 1년

직장 생활 40년 중 마지막 10년은 내게 역경이었다. 그 힘든 시절을 지나 새로운 출발선에 선 요즘, 나이 들어가는 것이 좋다. 가장 좋은 때가 아직 오지 않았다니 앞으로 삶이 은근히 기대된다.

인생에 공짜는 없다. 50대 중·후반 역경 속에서 내가 원하는 삶을 그냥 만난 게 아니듯이, 은퇴 후 원하는 삶을 위해 노력해야 한다. 64년 세월 중 일하느라 40년을 달려왔고, 다시 30여 년을 걸어가려면 정비 기간이 적어도 1년은 필요하다. 정비하고 충전하고 다시 걷기.

음식을 많이 담으려면 큰 그릇이 아니라 빈 그릇이 필요하듯, 충전은 채우기보다 비우기가 먼저다. 내가 진정 원하는 자유로운 삶과 여유로운 삶을 위해서 비우고 채울 것에 대해 성찰하고, 그런 조건을 갖추는 하프타임은 나·비·채의 시간이다.

- 나를 성찰하는 시간 : 멈춰 서서 지금껏 살아온 64년, 직장 생활 40년을 돌아보자.
- 비우는 시간 : 살아오는 동안 만난 사람과 관계를 정리하고, 나를 짓누르던 일과 스트레스와 부정적 감정을 비우자.

- 채우는 시간 : 40년 일할 수 있도록 달려온 나와 주변 사람들에게 감사하고, 열정과 호기심 등 긍정적인 정서, 남은 시간에 하고 싶은 꿈으로 채우자.

나를 성찰하고 비우고 채우는(나・비・채) 시간을 통해 은퇴 후 삶을 재미있고 보람차게 누리고 싶다.

당신은 지금 인생의 어느 시기를 지나고 있는가? 현재 처한 상황과 조건에서 자신을 돌아보고, 비우고 채울 것을 정리하자. 그리고 은퇴 후 지향하는 삶에 꼭 맞는 타이어로 갈아 끼우자.

은퇴라는 선물을 받은 지금, 감사로 멋진 삶을 만들어가기 위해 나는 매일 외친다. "지금이 내 인생의 황금기다. 무엇이든 할 수 있는 '나이'다. 무엇이든 할 수 있는 '나'이다." 그러면서도 불쑥불쑥 '나의 후반생은 안녕할까, 무엇을 더 하고 살아야 할까' 고민하는 내게 카피라이터 정철은 일침을 가한다. "전반전이 더하기의 시간이라면 후반전은 빼기의 시간, 전반전에 움켜쥔 것들을 하나씩 내려놓는 시간. 후반전 종료 휘슬이 올리면 어차피 다 내려놔야 하니까, 인생엔 연장전이 없으니까."

자꾸 무엇을 더하려는 내 마음을 알았는지 채우기보다 하나하나 비우고 가란다. 더 비우자.

잠시
쉬는 중입니다

나무는 어느 해가 되면 갑자기 열매 맺기를 과감히 포기한다. 해거리하는 동안 오로지 충전에 신경 쓴다. 해거리가 끝나면 실한 열매를 풍성하게 맺는다. 나도 나무처럼 해거리하는 중이다. 지금까지 달려온 속도를 늦추면서 정비하고 충전하는 데 신경 쓸 생각이다.

은퇴 후 원하는 삶에 다가가기 위해 무엇을 버릴지, 무엇을 줄일지, 비운 자리에 무엇을 채울지, 무엇을 새롭게 더할지 무한 상상하는 시간, 재미있게 준비하는 하프타임이다.

잠시 쉰다지만 그냥 무작정 쉴 순 없다. 휴식에도 전략이 있어야 효과적으로 쉴 수 있다. 2025년 이후의 활동을 위한 준비와 실천 전략을 ERRC 도구를 활용해 도출했다.

ERRC 도구를 활용한 하프타임 실천 전략

- Eliminate(제거) : 불필요한 자료, 불필요한 관계, 부정적인 감정, 불필요한 물건
- Raise(강화) : 운동, 독서, 캘리그래피, 여행, 퇴직연금 운용, 연금저축, ISA와 IRP 납입액, 강의안
- Reduce(축소) : 일하는 시간, 불필요한 약속
- Create(창조) : 출간, 직업상담사 자격 취득, KPC 전문코치 자격 취득, 라인댄스와 영어 배우기

정리하고 보니 비우기보다 채울 게 많다. 하프타임 전에 10년간 버리고 비운 게 많아서 그런가 보다. 아니면 버릴 게 없거나, 아직 못 찾았거나.

당신은 하프타임을 계획하고 있는가? 평생 현역의 시대인 만큼 전반생을 성찰하고 후반생은 어떻게 살아갈지 그려보는 시간이 필요하다. 오래 달려왔다면 짧아도 좋으니 반드시 하프타임을 가져보라. 하프타임은 무작정 쉬는 게 아니라, 오래 일하기 위해 정비하고 새로운 전략을 구상하는 시간이다. 꼭 일을 그만두고 하프타임을 가져야 하는 건 아니다. 일하면서도 준비할 수 있다. 자신에 맞는 방식과 기간을 정해 하프타임을 가져라. 하프타임에 비우고 채울 것을 ERRC 도구를 활용해 구체적으로 정리하라. 후반생 설계와 실천에 큰 도움이 될 것이다.

나는 여전히 청춘

"젊음은 나이의 문제가 아니다.
사람은 태어날 때부터 젊거나 늙는다."

_ 나탈리 클리포드 바니

후반생 청춘으로 살아가기

나는 지금 앞으로 살아갈 날이 어떻게 펼쳐질지 기대하며 충전의 시간을 보내고 있다. 40년간 쓴 배터리를 충전하는 1년은 65세 이후의 삶을 풍요롭게 하기 위한 시간이다. 100세가 넘어서도 활동하는 김형석 교수가 예찬하는 인생의 황금기 65세를 온몸으로 맞아보려고 내려왔다.

퇴직한 선배들은 "가능하면 더 다녀라, 더 다닐 수 있는데 그만두는 건 배부른 짓이다, 세상 밖으로 나오면 할 일이 생각보다 많지 않다"고 충고했다. 물론 고정 수입이 없어지니 경제적으로 타격이 될 수 있다. 다행히 비영리단체는 영리기업보다 급여가 상당히 적어서 큰 타격을 받지 않는다.

　노후를 위해 경제적으로 철저히 준비한 사람들보다 부족해도 안빈낙도할 정도는 된다. 40년 동안 콘텐츠를 생산하는 일을 많이 했으며, 평생 현역을 염두에 두고 긴 호흡으로 전문성을 갖춰왔다. 직장 일과 내가 하고자 하는 일의 방향이 맞아서 주경야독하며 석·박사 학위를 땄고, 경영지도사와 코치 자격, 신용상담사 자격증도 취득했다. 연차와 주말을 이용해 강의, 심사, 연구 등을 병행한 경력도 충분하니 우아한 노후를 위한 세 가지 조건(경제적 여유, 마음의 여유, 지식과 지혜)이 보통 수준은 되는 것 같아 과감한 결단을 내렸다.

　퇴직할 때 후반생은 청춘의 모습으로 살아가자고 다짐했다. 청춘은 청년의 전유물이 아니다. 언제든 누구나 사용할 수 있는 특권이다. 써도 써도 바닥나지 않는, 쓰면 쓸수록 반짝반짝 빛나게 해주는 인생의 보석이다.

후반생 청춘으로 살기 위한 6가지 덕목

어떤 자세로, 어떤 마음가짐으로 후반생을 살지 생각하다가 데이비드 오길비가 말한 카피라이터가 갖춰야 할 여섯 가지 덕목이 떠올랐다. '호기심, 유머 감각, 체력, 문장력, 미적감각, 새로움에 대한 열망'이다.

후반생은 전반생보다 새로울 것도, 즐거울 것도, 체력이 나을 것도 없어서 오늘이 내일 같고, 내일이 모레 같고, 다람쥐 쳇바퀴 돌듯 똑같은 일상이 되기 쉽다. 그러고 보니 후반생에 어떤 덕목이 필요한지 알겠다. 카피라이터가 갖춰야 할 여섯 가지 덕목을 내 후반생에 적용하기로 했다.

1. 호기심 : 관심이 많으면 호기심이 생긴다. 아이들은 호기심이 많다. 일하거나 사물을 볼 때 아이들처럼 호기심을 발휘해 다르게 생각하고 시도하자.
   - 주요 실천 사항_ 아티스트 데이트(줄리아 카메론의 《아티스트 웨이》에 나온 말. '내 마음대로 듣는 연습'을 뜻한다), 가보지 않은 곳 가보기, 새로운 시선으로 사물 바라보기, 요리법 바꾸기, 낯선 환경에 빠져보기 등
   - 나의 슬로건_ 새롭게 보자.
2. 유머 감각 : 유머 감각은 후천적으로도 키울 수 있다고 한다. 유머를 들으면 기억했다가 써먹고, 유머 감각이 뛰어난 사람을 자주 만나며 재미있게 살자.
   - 주요 실천 사항_ 재밌는 친구 만나기, 개그 프로그램 보기
   - 나의 슬로건_ 웃으며 살자.
3. 체력 : 체력이 모든 일의 바탕이다. 근육운동, 걷기, 균형 잡힌 영양 섭취 등으로 건강한 체력을 유지하자.

- 주요 실천 사항_ 스트레칭, 스쾃, 1만 보 걷기, 계절 채소 먹기, 단백질(달걀, 두부, 우유, 콩 등) 섭취하기
- 나의 슬로건_ 걸으며 살자.

4. 문장력 : 구양수의 삼다三多(다독, 다작, 다상량)가 문장력의 기본이다. 읽기, 쓰기, 생각하기는 연결된 활동이다. 읽으며 생각하고, 생각하며 쓰고, 쓰며 생각하자. 처음에는 서툴러도 꾸준히 하다 보면 간결하고 설득력 있는 문장을 쓰게 될 것이다.
   - 주요 실천 사항_ 책 읽기, 관심 분야 글쓰기, 감사 일기 쓰기, 블로그 포스팅
   - 나의 슬로건_ 북적북적(book적book적)하며 살자.

5. 미적감각 : 전시회, 박물관 등을 찾아다니자. 내게는 가장 난해한 부분이어서 좀 다르게 해석하기로 했다.
   - 주요 실천 사항_ 여행할 때 전시회나 박물관에 좀 더 관심 두고 보기, 옷차림과 머리 모양 바꾸기
   - 나의 슬로건_ 없음

6. 새로움에 대한 열망 : 새로움은 익숙한 것과 결별하기다. 설레고 긴장을 유발한다. 일과에 새로움을 더하자.
   - 주요 실천 사항_ 자원봉사, 여행, 외국어 공부, 취미 등 해보고 싶었으나 하지 못한 것, 미뤄둔 것에 하나 둘 가볍게 도전하자.
   - 나의 슬로건_ 도전하며 살자.

미적감각을 제외한 다섯 가지 덕목은 내가 생각한 후반생의 가치와 거의 비슷하다. 카피라이터가 아니니 미적감각을 키우려고 집중할 것까지 없겠지만, 여행하다 보면 우리나라 유물과 문화재에서 놀라운 미적감각을 발견한다. 직장인으로 생활하느라 옷차림이나 머리 모양을 마음대로 못 했는데, 변신하는 가운데 미적감각도 자연스레 늘지 않겠나 싶다.

카피라이터가 갖춰야 할 덕목이라지만, 후반생 청춘으로 살아가고자 하는 사람에게도 어울린다. 후반생이 아니라도 우리가 살아가는 데 좋은 덕목이다. 하루는 작은 인생이라고 했다. 자신의 하루하루를 어떻게 살아가고, 어떤 가치로 채우고 싶은지 정리하자.

나이 들어가는 것은 늙음이 아니라 익어가는 것이다. 파란 사과가 햇빛을 받고 비바람도 맞아가며 시간의 밀도 속에 빨갛게 익어가듯, 나이 든다는 것은 맛있게 숙성되는 것이다. 일과 삶, 사랑이 젊은 시절과 같지 않아서 좋고, 마음먹기에 따라 나이 들었어도 여전히 청춘으로 살아갈 수 있다.

어떤가, 후반생 청춘으로 살고 싶지 않은가? 꿈꾸고 사랑하며 호기심 어린 마음으로 하루하루 살아가자. 아침을 설렘으로 시작하고 저녁은 감사로 마무리하자. 노을이 아름다울 수도 있다. 나를 위해, 가족을 위해, 사회를 위해 아름답고 우아하게 나이 들어가자.

에필로그

"삶의 가장 큰 영예는
넘어지지 않는 것이 아니라
넘어질 때마다 다시 일어나는 데 있다."

_ 랠프 월도 에머슨

  이 책을 쓰면서 아파도 참아야 했고, 힘들어도 견뎌야 했고, 슬퍼도 울 수 없던 50대의 나에게 말하고 싶었습니다. 그동안 애쓴 덕분에 자유롭고 여유로운 후반생을 살게 됐다고, 고맙다고.

  제 삶의 아픈 속살을 드러내기 힘들고, 남편에게 누를 끼치지 않을까 걱정돼서 글쓰기를 중단할까 여러 번 고민했습니다. 원고를 완성하고도 마지막까지 출간을 망설였지요. 출간을 결심한 이유는 두 가지입니다.

  첫째, 저나 은퇴 창업으로 파산의 어려움을 겪게 한 남편이나 최선을 다해 살았다는 것, 초라한 경제적 성적표를 빼고는 괜찮은 삶이었다는 것, 그러니 당당해도 된다는 믿음 때문입니다.

둘째, 대단히 성공하거나 은퇴 후 재정적으로 완전히 자유롭진 않지만 삶의 힘든 시간을 견디며 극복하려고 노력한 제 일과 경험이 같은 현실에 있는 사람, 아니 저보다 어려운 상황에 처한 이 땅의 중년에게 조금이라도 위로와 희망이 됐으면 합니다.

어떻게 전달할지 고민이 많았습니다. 은퇴와 노후 준비에 막연한 두려움이 있는 사람들에게 자칫 공포 마케팅이 되면, 알아도 묘안이 없는 사람에게 고통을 안겨줄 뿐이라면 어떡하지? 하지만 준비가 부족해도 함께 풀어가면 된다는 위로와 공감의 말을 전하고 싶었습니다. 그래서 제 이야기를 세상에 드러내고 헤쳐 나가자고 이야기하고 싶었습니다. 제 이야기가 사람들에게 동기부여와 위로가 되리라 생각했지만, 글을 쓰는 과정에서 저 자신에게 훨씬 더 많은 동기부여와 위로가 됐습니다.

많은 분이 파이어족을 꿈꿉니다. 생계유지를 위한 일이 아니라 자아실현을 위한 일을 하고 싶다는 겁니다. 핵심은 '돈 때문에 일하지 않겠다, 좋아하는 일을 하니 돈은 따라오더라'입니다. 경제적 자유가 직업적 자유를 부르고, 직업적 자유가 관계적 자유를 줍니다. 이 모든 자유는 건강이라는 텃밭에 심을 때 가치가 있습니다. 노후 준비에 필요한 네 가지 요소(사람, 돈, 일, 건강)를 완성하려면 한 가지를 추가해야 합니다. 이 네 가지를 만들기 위한 실천입니다. 저는 이것이 좋은 습관이라고 생각합니다. 좀 더 행복한 삶, 성장하는 삶을 원한다면 삶의 시선을 높이 두고 그에 맞는 일로 시간을 배치하고 좋은 습관으로 길들이세요. 원하는 삶을 앞당길 수 있습니다.

이 책의 주장이나 메시지는 제 경험을 토대로 하다 보니 정답을 제시하진 못합니다. 사실 정답이 없습니다. 그러나 이 글을 쓰면서 우리나라에 노후준비지원법이 있다는 사실을 알았고, 이 법에 나오는 네 가지 노후 준비와 제가 주장하는 메시지의 결이 같다는 사실에 기뻤습니다.

말의 힘을 믿는 제가 간절한 마음으로, 꽃말이 '반드시 오고야 말 행복'이라는 메리골드를 필명으로 삼아 은퇴 프로젝트 '메리골드를 구하라'를 실현하는 데 6년이 걸렸습니다. 대단한 성공은 아니지만, 제가 할 수 있는 최선의 선택과 실천이고 성과였다고 생각합니다. 그동안 애쓴 제게도, 함께 걸어오느라 애쓴 남편에게도 토닥토닥하고 싶습니다. 비틀거리는 제가 주저앉지 않도록 곁에서 응원과 격려를 보내준 사랑하는 가족, 동료, 친구에게 마음 깊이 고마움을 전합니다.

저는 지금 일에 대한 책임감에서, 돈에서, 관계의 스트레스에서, 중년기 속박에서 벗어나 자유의 날을 보내고 있습니다. 경제적 자유를 얻었고, 직업적 사치와 관계의 사치를 부리고, 정신적으로나 육체적으로 건강해서 청춘의 마음으로 지냅니다.

러시아에서는 늦여름부터 초가을로 들어서는 2주를 '바비레따'라고 합니다. 1년 중 가장 아름다운 시기로, '다섯 번째 계절'이라 불리기도 한다지요. 러시아에서 중년 여성에게 "당신은 지금 바비레따에 살고 있군요"라고 말하면 대단한 찬사라고 합니다. 젊은 시절보다 화사하고 매혹적인 아름다움을 간직했다는 뜻이기 때문입니다. 저는 지금 바비레따에 살고 있습니다. 당신도 후반생을 바비레따에 살기를 바랍니다.

은퇴 프로젝트
'메리골드를 구하라'

펴낸날 2024년 10월 25일 초판 1쇄
지은이 박상금
만들어 펴낸이 정우진 강진영 김지영
꾸민이 Moon&Park(dacida@hanmail.net)
펴낸곳 (04091) 서울 마포구 토정로 222 한국출판콘텐츠센터 420호 도서출판 황소걸음
편집부 (02) 3272-8863
영업부 (02) 3272-8865
팩 스 (02) 717-7725
이메일 bullsbook@hanmail.net / bullsbook@naver.com
등 록 제22-243호(2000년 9월 18일)
ISBN 979-11-86821-95-4 03330

황소걸음
Slow&Steady

ⓒ 박상금, 2024

▪ 이 책의 내용을 저작권자의 허락 없이 복제·복사·인용·전재하는 행위는 법으로 금지되어 있습니다.
▪ 잘못된 책은 바꿔드립니다. 값은 뒤표지에 있습니다.

데이비드 보차드 · 패트리샤 도노호 지음
배충효 · 이윤혜 옮김 | 368쪽 | 15,000원

50세 이후 인생 재창출을 위한 셀프 가이드

은퇴자를 대상으로 30년 동안 상담한 데이비드 보차드 박사는 이들이 자아실현 욕구가 매우 높으며, 자신이 어떤 사람이고 진정 무엇을 원하는지 알고 싶어 한다는 점에 주목했다.

자아실현 가능성은 다른 어떤 시기보다 노년기에 높다. 자아실현에 필요한 세 가지 요소인 자유, 재산, 인생 경험이 있기 때문이다. 문제는 자신이 어떤 사람인지, 진정 원하는 것이 무엇이고, 진짜 재능이 무엇인지 잘 모른다는 데 있다. 보차드 박사는 주관적인 영역에 속하는 정체성과 소망, 재능 등을 객관화하는 평가 도구를 개발해 독자 스스로 자신을 파악할 수 있도록 했으며, 그 실현 가능성을 위해 최선을 찾는 방법을 수많은 사례와 함께 제시한다.

이 책은 은퇴한 뒤의 노년을 충만하고 재미있고 신명 나게 보내고 싶은 모든 사람에게 흥미롭고 희망적인 이야기로 그 해법을 제시할 것이다.